知《ち》行《こう》合一《いつ》

「大人の学

高山曜三
TAKAYAMA Yozo

幻冬舎MC

はじめに

「なぜ大人になっても学び続けるのか」

社会に出れば、私たちは亡くなるまで数えきれないほどの壁にぶつかったり、人生の岐路に立たされます。子どもであれば親や先生など誰かしらが助けてくれますが、大人になってからは自分自身でこれまでの知識や経験をもとに、判断し解決していかなくてはなりません。社会でのさまざまな出来事に対応するために必要な適応力や行動力というのはすぐには身につかないのです。

だからこそ私は大人になっても学び続け、社会で必要な力を少しずつ身につける必要があると思います。

学び続けることで視野が広がり、自分自身の価値観や信念が確立します。

自分自身の価値観がはっきりすればそれが行動指針となり、人生や仕事においてブレることなく、どんなことにも自信をもって判断し、行動できる人になれるのです。

私は教師として36年間学校教育に携わってきました。また現在では塾の経営者をするかたわら、大人向けの人材教育セミナーを主催しています。この本は、そのなかで反響の多かった内容をしたためた「大人の学び」の書籍です。

主に「日本の文化・歴史」を取り上げ、生き方に迷い自信をもてない若い大人たちが価値観を発見するきっかけになったり、これまで日本を支えてきた大人の方々が、改めて学ぶことの面白さを感じられる内容になっています。

本書を読んだ読者の方にとって学び続けることの大切さ、楽しさが伝われば幸いです。

知行合一　「大人の学び」のススメ　目次

いくつになっても、
いつでも、誰でもできる
「大人の学び」が人生を充実させる

自分は大人であると言い切れるか

あなたは大人ですか?と尋ねられて、「はい」と堂々と答えられるでしょうか。

これまで日本は20歳を成人年齢としてきましたが、民法が改正され2022（令和4）年4月1日からは成人年齢が18歳に引き下げられます。成人になると保護者の同意なしに契約などができるようになり、「18歳から大人」となるわけです。

また、ほとんどの人が15歳、18歳、22歳の「卒業」の節目で、社会に出て働きます。

こうして私たちはいつ頃からか「大人」と呼ばれるようになります。

ところが、30歳を超えた人でも「自分は大人だ」と胸を張って言える人は、なかなか少ないのではないでしょうか。一方で、小中学生でも「あの子は大人だ」と感心することが多々あります。

どうやら私たちは、「大人」という存在を、単に年齢だけで定義しているわけではないようです。

多くの人は「自分は〝大人〟だと言えますか?」と尋ねられて、

「果たして私は経済的にも精神的にも自立しているだろうか」「物事に対し、感情的にならずに冷静に対処できているだろうか」などとわが身を振り返って自分の未熟さを実感します。だから、素直に「はい。大人です」と自信をもって言える人が少ないのです。

もちろん、控えめで奥ゆかしさを美徳とする日本人ですから、「私は大人です」とおおっぴらに他人に言えないということもあるでしょう。

その一方で、仕事で失敗したり、人間関係がこじれたりして自分の至らない部分に直面すると「私はまだ子どもですから……」と言い逃れる人がいます。

もし、あなたにも心当たりがあるなら今一度、「大人とは何か」を考えてみてください。どれだけ未熟さを感じていたとしても、年齢的には「大人」です。大人である以上、やるべきことや考えることがあります。

自ら「まだ子どもなので」と言うのは、私は責任逃れだと感じます。少し厳しい言い方ですが、そんな人に次の世代を担えるのかと言いたい気持ちになります。

「自分は大人だと言えない日本人」の心の奥底には、「大人になった」と言えるだけの自信がないのだと思います。

かくいう私も大学卒業後に教員となり、すぐに「先生」と呼ばれて生きてきました。何も知らない自分が先生と呼ばれることに少々後ろめたさを感じていたことは否めません。言いきることができない気持ちはよく分かります。

しかし、自分から「大人です」とおおっぴらに言わないまでも、私たち大人には「大人としての役割」があります。私自身教員として、懸命に生徒に向き合い、常に「大人として子どもたちに何を伝えればいいんだろう」と自問自答してきました。

大人の役割なんて考えたこともない、という人も本書を機にぜひ「大人とは何か」「大人の役割とは何か」を考えてみてほしいと思います。

大人には「伝える義務」がある

大人としての役割というと「責任の重さ」を考える人もいると思いますが、私は、「自分より若い人たちに何かを伝えていくこと」ではないかと思います。

2006（平成18）年、第1次安倍内閣時代に教育基本法が改正されました。1947（昭和22）年に制定されてから初めての改正です。「日本の文化伝統を重んじた教育。道徳心を育成しなければならない。」という内容を盛り込んで改正されました。その際、野党の国会議員から質疑で当時の安倍首相に対し、「あなたの内閣の大臣は問題発言ばかりしている。そんなあなたに道徳を語る資格はあるのか」という質問が出たそうです。

それに対して安倍首相は「こんな至らない私でも、子どもたちに道徳を語る義務から逃れることはできない」と答弁しました。

まさしく、どれほど未熟な者であっても大人と呼ばれる限りは、これから社会に出る若者に何かを伝える義務がある、と首相は答えたのです。

自分はまだ若くて、経験も浅く大人だとはいえないと思っていても、いずれは親となって子を育てるようになったり、上司になり部下を指導するようになったり、いつしか社会的に「大人を求められるとき」がきます。そのとき、あなたは自分の子どもや部下・後輩に、何かを伝える義務を担うことになるのです。

「伝える義務」と言われても、まだピンと来ないかもしれません。

それでは、もし子どもに「どうして勉強しなきゃいけないの？」と尋ねられたらあなたは何と答えますか？

部下や後輩がやり甲斐をもって仕事をしていくために、あなたはどんな言葉掛けをしますか？

今はまだ自分の人生ですら深く考えたことはないという人でも、自分の子どもや部下をもつと「まっすぐ育ってほしい」「幸せになってほしい」「仕事を楽しんでほしい」と相手の人生について真剣に考えるようになります。

そのときのあなたの言葉次第で、自分より若い世代である子どもや部下・後輩の考えや行動が変わり、未来が変わるとしたら、「自分の言葉」がどれほど大切なものなのか想像できるでしょう。

だからこそ、大人としての役割に「伝える義務」というのがあると私は思うのです。

現代は情報化社会です。テレビや新聞がなくても、スマートフォンがあれば、世界中のありとあらゆる情報が勝手に飛び込んでくる時代です。知らないことでも、スマートフォンですぐに調べることができます。

そうして得たたくさんの情報や知識のうち、英単語のスペルや目的地の所在地など、正確な解答・情報を教えるなら、そのまま相手に伝えれば十分ですが、考え方やあり方など、正解のない問いに答えることはそんなに容易ではありません。情報や知識を右から左へと伝達するだけでは、相手を納得させられないからです。

「なんで勉強しなきゃいけないの?」と子どもに尋ねられて、どこかで聞いてきたような受け売りの返答で、子どもが「そうか、分かった」「よし、勉強を頑張ってみよう」とやる気を起こすことはありません。

自分自身の経験や自分なりの考えを伝え、心を動かす必要があります。

多くの人は今まで生きてきたなかで、目上の人からアドバイスをもらい、気づきを得た経験があるでしょう。そのときの言葉が今の自分を形成していることも少なくないはずです。

ゆくゆくは自分も次の世代に何かを残していく人になる。

この意識をもつべきだと思うのです。

私の意見を率直に言えば、日本の民度はだんだん下がっていると危惧しています。このまま大人が何も考えずに、粗雑なことを子どもや部下に伝えていたら、日本は滅びてしまうのではないかと、時折不安を覚えます。

だからこそ今、頑張らなくてはなりません。

「自分より若い人たちに自分の言葉で何かを伝えていくこと」ができる人、つまり「自分の言葉をもつ大人」がこれからの国の支えになるのです。

自分で考える力を養う大切さ

若い世代にとって、すぐに自信をもって言葉を伝えることは難しいかもしれません。そのためには、まずはこれからの自分の人生において「自分がどう行動すべきか判断できる〝基準〟」と「予想もつかない苦しさに対する諦めない心」が必要だと私は考えます。

これからの世の中は予想もつかない複合的な危機から逃れることができないといわれています。1990年代には阪神大震災が起き、2000（平成12）年に入ってからは、東日本大震災や新型コロナウイルスによる世界的パンデミックなどが起こり、私たちの生活を脅かしてきたことは周知の事実です。東日本大震災は世界中の人々の心を震撼させ、被災者はもちろん、被災していなくても人生観が変わった人が大勢いました。新型コロナウイルスは罹患への不安に加え、緊急事態宣言の発出などにより経済活動が低迷したことも私たちの社会に暗い影を落としています。

天災のみならず、社会がデフレ状況のなかで自殺者はついに2万人を超えたとテレビのニュースなどで伝えられています。

そんな時代になり、これからは予測困難な社会を乗り越える力こそ必要な能力であると提唱する人が増えています。それに異論はありませんが、複合的な要素が絡み合った困難な環境を生き抜くためには、ただ単に「不況を生き抜くビジネスのアイデアをもつ」などと、知識を詰め込む小手先の従来型セミナーや人材教育では不十分です。

困難に立ち向かう力が必要なのは、今に始まったことではありません。

かつて私は36年間、学校法人に勤務し、私立男子高校の教師として多くの生徒に関わってきました。ドラマ『スクールウォーズ』や映画『ビー・バップ・ハイスクール』などが流行《はや》った頃は、私の勤務校でもエネルギーの有り余った生徒たちが校内で派手に暴れまくり、先生たちが奔走するということがたびたびありました。私もそのなかの一人として、喧嘩の仲裁に入ったり、退学を申し出る生徒と対話したりして、勉強を教える以前の問題解決にどれだけ時間を費やしたか分かりません。

すぐに手が出る生徒に「言葉をもってないから、手が出るんだ！　それじゃ、小さな子どもと同じだ！」と未熟さを指摘したり、退学したいという生徒に「君の将来だから俺には関係ない」と突き放したりすることもありました。

もちろん、心の底から生徒を否定していたわけではありません。「自分の頭で考える」

という行動を促したのです。

「学校を辞める」ということは、学校以外の進む道、すなわち「人生の進路」を決めなければなりません。あらゆる言葉で諭したとしても、彼の未来を代わりに歩むことはできません。

だから私は、退学を申し出る生徒に「俺には関係ない」と言ったのです。その代わりに、私は「なぜ退学しようと思ったのか」と繰り返し尋ねて、本人に考えさせました。今に至る過程を自分で考えさせれば、自分の意志で退学をとどまることもあるでしょうし、たとえ退学したとしても、次に行く世界を自分の力で切り拓いていけます。


このように、私は学校現場で教育の本質を見つめ続けてきました。

多くの子どもたちは小中の義務教育と高等教育を合わせて12年間もかけてたくさんの教育を受けています。大学進学すればさらに4年間、より専門的な知識を学びます。日本にはこれほど充実した教育システムが確立されているにもかかわらず、私は「果たして学校教育の知識だけで社会が必要とする人が育てられるのか」と疑問をもっていました。

というのも、高校や大学を卒業したのち、多くの人は一般企業に就職しますが、会社で必要な技術や知識のほとんどは入社後の社員教育で身につけます。営業職ならお客とのコミュニケーションの取り方や商品の魅力の伝え方、技術職なら製品理解や専門的機械の取り扱い方などです。教師であった私も、大学で学んだ教科指導法だけでは生徒たちの困難に立ち向かう力を養えてはいませんでした。現場で生徒たちと向き合いながら、教員としての資質を磨いていったのです。

「社会で必要なことは、社会で学べる」

とすると、学校教育では何を学ばせるべきなのか。やがて私は学校教育に対して、こんな疑問をもつようになりました。

「数学の公式を覚えて、将来、何の役に立つの？」と疑問に思う人が多いように、確かに社会では、学校で学んだ知識がそのまま活用できるわけではありません。それでも子どもたちは社会で力強く生きていかなければならないのです。

そのために教師は何をするべきなのか。

そう考えあぐねた末に、私は、「何かが起こったときに、自分はどう行動すべきか判断できる自分なりの判断基準を養うことだ」という結論に至りました。それは、単なる知識ではなく、知識を基に考える力を身につけることが大切だということです。

そして、そんな教育を実現させるために、教師として勤務するかたわらで個人事業として学習塾を立ち上げました。知識を丸暗記するのではなく、学んだことに対して仮説を立てて、検証しながら知識を深めていく。私が学習塾で大切にしてきたのは、「どこの高校、どこの大学に進学するか」ということではなく、「将来、大人になったときに自分がどのように行動して、どんな職業に就くか」ということです。少人数制を徹底して、時間と手間を掛けて、生徒一人ひとりに向き合ってきました。

さらに私の学習塾では、自分で考えて行動できる人を育てるために、中学1年生は夏休みに全員参加のキャンプを実施します。自分たちでイチからバンガローを建てるバンガロー実習をメインイベントにしています。中学生の手でキットとはいえイチからバンガローを建てるわけですから完成までに6時間近くかかります。その間に人との関わり方、忍耐力を学びます。

また、土地の水平はどうやって測るのか？ということや、床の水平、壁の垂直がしっかりして始めて屋根がのるということなどが分かります。子どもたちが自分でいろいろな方法を模索するなかで、さまざまな気づきを得る機会にしています。

私は現在、大人のための人材育成を行う塾を主宰し、社会人が大人としての自信をもつための講座を開講しています。

私は昭和から平成にかけて工業高校に勤めていたので、指導する生徒はほぼ全員が就職していました。

高校3年間指導して、いよいよ大人の仲間入りだと送り出した生徒たち。卒業式で「頑張れよ」と声を掛けたときには、不安な表情を浮かべつつも目には新しい道への希望を感じました。しかし、春にはその何人かが離職しているのです。高校を卒業したのちも、私の元に何人かの教え子が尋ねてきました。うれしい報告を待っていましたが、職場での不満や不安を漏らす者が少なくありませんでした。

やがて私は、そんな子たちの話を聞くために、毎月1回、金曜日の夜に集いの会を設けました。すると10人くらいの教え子が集まるようになりました。就職後に悩みを抱えて「会社を辞めたい」と相談する子の話に、明け方まで耳を傾けたのです。

ゆっくり話を聞いてあげると多くの子は元気を取り戻し、「先生、また来ますね！」と笑顔で帰っていきました。

ホッと胸を撫で下ろしたのも束の間、1カ月後には、「会社を辞めた」と報告に来るのでした。

学校でも、学習塾でも、私は真剣に子どもたちと向き合ってきたつもりでした。しかし、社会で自分の幸せを見付けられないのでは何にもならないのです。

そこで、気づいたのです。

私は「自分がどう行動すべきか判断できる力」を必死で伝えてきたつもりでしたが、「予想もつかない苦しさに対する折れない心」までは養うことができていなかったのです。

何があっても立ち上がることのできる折れない心を育みたい。
現在、私が大切にしているのはそういうことです。

教員時代、就職していく生徒を見ながら、「あの子を○○会社に就職させた」と、自分の指導力を自負する先生もいましたが、私はそれは教員の真価ではないのです。本当の真価は、その生徒が紹介された会社を辞めて、次の会社を決めるときに、高校を送り出してくれた先生の言葉を思い出すかどうか、だと思います。

人生の分岐点に立ち、自分自身に立ち返ったときに、彼らが冷静かつ強靭な心を保っているかどうか。

指導者、ひいては大人という者は、そこまでの想像力をもって言葉を発するべきだと思います。

「自分自身の責任者」になるとはどういうことか

予測困難な出来事に対する適応力は一朝一夕では身につきません。年齢を重ね、経験を重ねることで、少しずつ身につきます。ただ、心構えを整えることによって成長速度は断然に変わってきます。

学校教育では、どんなことを、どのくらい学ぶかというのはすでに決められており、定められた知識を与えられている環境です。

しかし、大人として社会に出る場合、環境が大きく変わります。「何を学ぶのか」「学んだことをどう活かすのか」ということは、自分自身で決めなくてはいけません。

つまり、これまで受け身でなんとかなっていた環境が、大人になって社会に出れば、「自分が主体者」になるという姿勢なくしてはなかなか成長できません。

私が講義を行う大人向けの塾では、受講生に次の質問を問い掛けます。

「大人であるあなたたちはすべての結果の責任者です。では、責任の反対語は何か分かりますか？」

もしも、自分が出した結果が自分の意にかなうものでなかった場合、多くの人は「先生の言うとおりに勉強したのに成績が上がらなかった」「上司に勧められて営業したが成約につながらなかった」など、さまざまな理由を述べますが、私にはどれも言い訳に聞こえます。

そして、それらの人が被害者の立場で話をしていることに気づきます。

先ほどの質問の答えに戻りますが、「責任者」の反対は「被害者」です。

たとえ、誰かに言われたとおりにやったとしても、すべての結果はあなたにしか降り掛からない。すなわち、すべての結果は、自分が選んだ物事の行く末であり、責任者は自分自身なのです。

責任者と被害者。どちらの立場を取るかによって、積極的なのか消極的なのかも決まります。責任者の立場で物事に臨む人は積極的です。被害者の立場で臨む人は当然、消極的です。

得た結果を誰のせいにもせず、自分ごととして受け入れて、そこから気持ちも新たに学び直す。そんな姿勢こそが大人の姿勢であり、大人にとって必要な学び方です。

自分自身の責任者になれと言いましたが、そもそも「責任」という言葉は非常に重いものです。そんな簡単に言葉にできるものでもないのです。

江戸時代、士農工商という身分制度がありましたが、そのなかで最も豊かなのは商人で、武士は必ずしも豊かな生活が送れるとは限りませんでした。こんな事実は学校の授業では習いませんが、農民は収穫した米のおよそ半分を年貢として納めました。納められた新米は自然災害などが発生した際に農民へ配分するために備蓄されていたそうです。農民は高い年貢に苦しめられたというイメージがありますが、実際はそうではないようです。凶作であっても収穫した米の半分を納めないとならないので、そんなときは確かに苦しい生活をしていたと思いますが、実際、城には農民のための米が備蓄され、彼らの生活は守られていたのです。しかも豊作であれば、収穫した新米の半分は手元に残るので災害がない限り生活に困ることはなかったのでしょう。

ところが、武士は違います。

武士が得られるのは前年や前々年に備蓄しておいた古い米で、それが給料として支払われていたそうです。この時代は米本位制で、米をお金に替えて経済が成り立っていました。ですから、米の価格が下がれば、武士の生活は当然苦しくなったはずです。

それにもかかわらず、武士は、領地の米が十分に収穫できるように農民を管理せよ、と領主に命じられていました。もしも収穫できなかったら、それは管理する武士の責任であるとされ、自らの命をもってその責任を果たさなければなりません。それが切腹です。領主からの切腹を断れば、自分はもとより一族も断絶させられる恐れがあります。ですから、武士は自ら腹を捌《さば》くことで家族を守りました。

また武士が長短2刀の刀を携えているのにも理由があります。

長い刀は理不尽なことをした者を成敗するための刀で、短い刀は自分の責任を取るための刀だといわれています。

「切捨御免」という言葉に、横柄に振る舞う武士が自分の機嫌次第で人を切ったと思っている人がいるかもしれませんが、まったく違います。武士は自らの責任のもとに、理不尽を成敗し、また人を切ったときは自らも命を絶つという覚悟で2刀を携えていたのです。

これが昔の「責任」というものだったのです。

今の時代において、そこまでの責任を課すべきではないとは思いますが、せめて物事に対して真剣に考えるという姿勢を養い、保ち続ける人であってほしい。たとえ、傍観者であったとしても、自分の頭で考えなければならないと思います。

自分自身の責任者になるには、まずは自分の価値観を知る

「自分自身の責任者」である心構えがあれば、必然とその人は積極的になり、自己成長意欲が湧き出てきます。人の意見に真摯に耳を傾け、良きことを取り入れようとする素直さが生まれます。私の大人向け塾でも、教室にそんな人が一人いるだけでまわりの受講生も前向きになります。講師である私もやる気になり、全体にも良き影響を与えてくれます。

せっかく学ぶなら、そんな姿勢で学んでほしいと思うので、私はこの塾の最初の授業では「自己成長」について話をします。

自己成長の始まりは自分を知ることです。それはすなわち、自分のもっている価値観を知ることです。

自分のもっている価値観を知れば、「なぜあなたはそれを選んだのか」という問いに対し、〝自分が選択した根拠の自覚〟が生まれます。主体的に選択・判断するようになり、自分自身の責任者になれるのです。

選択した根拠とは、一言で言えば、「納得」したからにほかなりません。

今日のランチの店を選んだ理由から、今日の服装、就いている仕事や人間関係まで、私たちは「納得」したからこそ、今、それらが自分の手元にあるのです。納得すると、その選択が導く結果に対する期待も高まります。

「おいしそうだ」という理由で今日のランチの店を選んだとしたら、当然、出てくる料理をワクワクした気持ちで待つことになります。たとえ、期待どおりでなかったとしても、「次は別のメニューにしよう」「今度は別の店にしよう」などと、自分なりの結果が導かれます。

ランチの店は非常に簡単な例ですが、職業でも人間関係でも同じことがいえます。結果もしくは成果を導き出すうえでは「納得」は大きな要素であると分かります。

「根拠もなく選択した」「親や友人に導かれて選択した」「周囲の人の選択を真似てみた」など、自分の選択に対する納得の度合いが低い場合や他人に選択を委ねた場合は、結果や成果への動機付けが弱く、期待感や感動も薄くなるでしょう。

つまり、それが「被害者側」の立場なのです。

人にとって、やりたいことができたり、何かを得られたりする、「実現」や「獲得」は人生のなかで大きな意味をもっています。その経験が人生における「価値観」を形成しています。

私たちは日々さまざまな場面で「選択」を迫られています。

選択という分岐点で、私たちは自分で判断し、意思決定をして、方法や生き方を選びます。その選択では、一人ひとりが自分の価値観に沿って「欲求」と「理由」をもって判断しています。どのような理由で選んだとしても、自分にとって心地よいもの、あるいは何らかのアドバンテージ要因があると判断した方を選んでいます。

自分の意思で最終的に判断をして選択をした根拠になるものが、物事を評価する基準。すなわち「価値判断基準」です。

迷子の大人にならないために

自分にとって心地の良いものや有益なものが何か分からない、という人が少なからずいます。

私はそんな人たちに「迷子になっているね」と言います。

私は、迷子には少なくとも3つの条件があると考えています。


第1に、目的地が分からない。

第2に、目的地への行き方が分からない。

第3に、今どこにいるか分からない。


これら3つの条件がすべてそろうと、完全に迷子の状態です。


このうち、自分の価値観を知るうえで重要視すべきなのは、第3の「今どこにいるのか分からない」だと考えています。「退学を申し出る生徒」などはまさにこの状態でした。

あなたは「今の自分」と「なりたい自分」に大きなギャップがあったとき、「なりたい自分」を諦めますか。もしくは、能力開発あるいは自己啓発を考えますか。
私は、理想と現実にギャップを感じ、葛藤するなかで、自分の存在価値という課題にたどり着いてほしいと思います。いわゆる「今、自分はどこにいるのか」という問いです。

多くの人は、ギャップを埋めるために解決策を考えるでしょう。
実は、この解決方法は大きく分けて2つの方向性があり、どちらの考え方をするかで「自己成長」が大きく変わるといっても過言ではありません。
一つは、「方法や手段を考えること」、
もう一つは「物事の原因や本質を考えること」です。

現代は、社会全体が早く早く！と迫るように結果を求めてきます。しかも、結果＝成果と意味付けられ、マイナスは許されません。そのため素早く成果を出すための「方法や手段を考えること」が求められています。
例えば「〝どうしたら〟お金が儲かるのか」、「お金を儲けるために〝どうしたら〟悪いことをしてもばれずにすむのか」という考えです。

ところが、「物事の原因や本質を考えること」に視点を移すと、「〝なぜ〟自分はお金が儲からないのか」「〝なぜ〟自分は悪いことをしようと考えてしまうのか」という考えに至ります。

さて、どちらの考えの方が根本的な解決に近づいていくと思いますか。

正解は「物事の原因や本質を考えること」です。

理想と現実にギャップがあるのは、「迷子」の状態です。そのギャップを埋めようとして、つい方法や手段を求めてしまいがちですが、実はギャップを埋めるために最初に把握しなければならないのは「自分が今、理想と現実の間のどこにいるか」ということです。

「物事の原因や本質を考えること」は、「自分は何をしたいのか」「人生で大切なことは何か」「人生の目的は何か」といった自問自答することにつながります。

なぜ?どうして?と自分に問い掛けるうちに、やがて自分の現在地が分かり、目的地も定まってくるのです。

逆に、「どうすれば」「どのようにしたら」という方法や手段を先に考えてしまうと、物事を深く考えることができなくなります。

迷子になった理由・原因は自分の中にある。それを知らずして、方法や手段に走るのは小手先の対症療法であり、根本的な解決にはなりません。

こうした自分の観察を自己分析と呼びます。

自分のいる場所、歩んできた道を改めて振り返ってみること。

自分の行動、大きく言えば人生は、知らず知らずに自分の価値観を形成してきたはずです。その価値観ともう一度向き合い、自分自身を明確にすることが、大人になるスタートです。そうすることで、一歩ずつ大人としての自覚をもち、自分の言葉をもてるようになるのです。

今、目の前にある「困難」の正体とは

一度、自分の目の前にある、「困難」について考えてみましょう。「困難な状況」といわれて、あなたはどんな状況を思い浮かべますか？

私が30代の男性に尋ねたときには「仕事で壁にぶつかったとき」と答えました。またある人は「友人や家族との関係がこじれたとき」と答えました。確かに仕事の壁で思い悩む人は多いことでしょう。また人間関係も現代人の大きな悩みの種です。

ところが私は、それは本当に困難と呼べるのかと思いました。

「お金がなくて、明日食べるものがない」というのは、困難な環境でしょうか。私は、それは自業自得と呼ぶのだと思います。

自然災害や不慮の事故などを除いて、実は困難な環境というのはほとんど存在せず、すぐに困難だというのはあまりに安易です。

「お金がなくて携帯電話がもてないから良い仕事に就けない」と言う人もいるようですが、仕事とは人を喜ばせて対価を得るということが分かっていれば、必ずしも携帯電話が必要ではない、「ないからできない」というのはあまりに被害者的な考えであり、主体的に考えれば解決できると思います。

大人になる最初の関門は、自分を振り返ることです。

そもそも携帯電話をもてないほどの貧困になっているのは、過去に自分でまいた種が導いた結果です。まずはそれを自覚すること（どこから来て、今どこにいるのかを知ること）が大事だと思います。

今、目の前に困難が立ちはだかり、この先をどう生きたらいいか分からないという人にこそ、それは「今の自分を知らない」か「過去にまいた種に気づいていない」だけだとお伝えしたいです。

大人になるために必要な「知識」と「教養」

自分の子どもや部下の幸せを願い、次の世代へ時代をつないでいくためには、自分自身が大人になる必要があります。

大人とは何か。

私はそれを「自分の言葉をもち、自分より若い人たちに語れること」だと考えています。そんな人物を目指すことで、自分の価値を知り、自ずと自分に自信がついて、人として成長できると思います。

しかし、大人になること、とりわけ「自分の言葉」をもつことは一朝一夕で身につくものではありません。大きく育つ木々が根を張るように、若いうちからじっくりと時間をかけて、「自分で考え、行動する力」を育てる必要があります。

また、「自分の言葉をもち、自分より若い人たちに語れること」とは、相手の心を動かし、行動を促すことができる、ということでもあります。

人は納得しないと、心は動きません。

自分が納得したかどうかは自分の価値観を形成していきますし、結果や成果を導き出すうえで〝納得〟は大きな要素ですから、自分の言葉で相手を導く場合、相手を納得させられるような「自分の言葉」をもつことを意識するといいでしょう。


そのためには、まずさまざまなことに興味をもち、知識を蓄える必要があります。そして、それらの情報や知識を鵜呑みにすることなく、自分なりに解釈し、考え、行動にうつし、実感する経験を重ねるのです。

残念ながら、知識を得るだけでは「自分の言葉」にはなりません。

自分自身の経験や感情と重ね合わせ、さまざまな角度から熟考することで初めて物事の本質を捉えることができ、それが「自分の言葉」となり、人に伝わる言葉になります。

それが〝根を育てる〟ということなのです。


私は「自分の言葉を」もつ人を「教養がある人」と呼んでいます。

知識と教養。似ているようですが、大きな差異があります。辞書で言葉の意味を調べるだけでもその違いは一目瞭然です。

【知識】
①ある物事について知っていること。またその内容。
②［仏］知徳のすぐれた僧。高僧。善知識。

【教養】
・広い知識から得た心の豊かさ。はば広く精神（知・情・意）の修養を積んで豊かな精神的活力を身につけていること。また、文化に関する深い知識。

（『旺文社国語辞典』）

辞書の意味を私なりに言い換えるなら、「知識」は頭で記憶しているデータのことです。学校で習う「英単語」や「数学の公式」「歴史の史実」のほか、インターネットで仕入れた情報、自動車の運転技術や生活の知恵なども「知識」です。

一方、「教養」の意味は精神面にも及びます。知識を積み重ねたうえで、得ることができる心の豊かさを意味するからです。教養のある人は、ただ知識が多いだけでなく、その知識を活用して、多くの物事を多角的に見て判断でき、さらには他者にも良い影響を与えます。多くの知識を得てきた人でも罪を犯してしまうこともあるように、当然ですが、高学歴だからといって教養があるとは限りません。

「知識」「見識」「胆識」という考えへ

言葉の意味からも分かるように、教養を身につけるために、知識を得ることは最低限の条件です。

ところが、知識があるだけでは、教養のある人すなわち人間力の高い人にはなれないのです。なぜなら、学習には3つの段階があり、それがその人の考える力や決断する力につながっているからです。

それが「知識」「見識」「胆識」です。

知識を見識に変え、見識を胆識に変えていくことで「自分の言葉をもつ大人」になれると私は思います。

「知識」は、人の話を聞いたり書物を読んだりして得られるものです。学校教育の大半はこの時間に費やされています。

しかし「知識」はそれだけでは単なる物知りにしか過ぎません。知識は物事の本質を見通す思慮や判断力というものが加わることによって、生きるうえで必要な意義あるものになります。

これが「見識」です。

「見識」を身につけるには、もっている「知識」を使い、まず物事を幅広くかつ深く考える習慣を身につけることが必要です。

見識に決断力と行動力が加わったものが「胆識」です。さまざまな抵抗や障害を断固として排除し、実践していく力量のことを指します。

テレビのニュースを見て、情報（知識）を鵜呑みにしているようでは大人とはいえません。大人なら今ではなく、この国の未来を考えるべきなのです。

選挙に行ったからといって「正しい」「立派だ」と思い込むのは間違いです。選挙は「投票することに意義がある」というものではありません。あなたが投じた1票はあなたの意思表示の一つです。もしも自分が投票した政党に不正があったら、支持した自分は政党に対し意見を述べるくらいの気持ちがあってもいいと思います。公に意見を述べないまでも、「こうであってほしかった」「こうすればいいのでは」と、国や未来のことを考えるいい機会にできるはずです。

投票しないよりも、投票した方がいい、それは私も思います。

そして自分の考え（見識）をもち、言葉に発することで胆識になっていくのです。

このときに、絶対に注意してほしいのは、批判と非難は違うということです。

批判するなら、良い点・悪い点を見極めなければなりません。客観的な視点をもち、評価できることが「批判」です。

一方、非難は責め咎《とが》めることです。自分の感情で言葉を発したり、他者へ責任を押し付けるような言動は「被害者的思考」と言わざるを得ません。

単なる受け売りでも、非難でもない。行動・言動に自分の考えが基づいているか。ぜひ自分の言葉を見直してみてください。


一般的な意見や情報を鵜呑みにして、自分で考えたり、決断したりする機会に気づかずスルーしているようなことは日常的にたくさんあります。

また最近では、ＳＮＳツールの「ＬＩＮＥ」において、ユーザーの個人情報が業務委託先である中国の関連企業からアクセスできる状態になっていたと問題になりました。

このような疑いは以前から話題になっていました。ですから私は、付き合いのある人たちから「メールじゃなくてLINEで連絡してください」と言われるたびに、「すみません。私はLINEを使っていません」とお詫びしていました。

LINEは本当に安全か？という情報（知識）に対して、私は「万が一のことがあったら」「LINEを使うメリットとデメリットは？」などとLINEの使用に関して自分なりに考えました。これが私の見識です。そして、結論として、私は「LINEは使わない」と決めたのです。


胆識を、私なりの言葉で説明するなら「決断力」です。

例えば、部下に「こんな状況にぶち当たりました。どうしたらいいですか？」と相談されたとします。あなたが提案したアドバイスを聞いて、その部下が素直に行動したとしたら、あなたに胆識が備わっていると自信をもってもいいかもしれません。部下がそれまのあなたの行動を見て、「常に物事を多角的に考えている」「自分の考えを行動に移している」と信頼し、たとえ自分の考えとは違ったとしても、「この人のアドバイスを信じてやってみよう」と行動にしたのだとすれば、自分のアドバイス（決断）が相手の決断にも及んだということです。

極端なことを言うなら、知識がなくても胆識がある人はいます。日頃、人間性が低いといわれる人でもある場面において胆識を発揮する人もいます。

ドラえもんに登場するジャイアンが良い例です。

TVアニメで登場するジャイアンは強い腕っ節をチラつかせて、友達を自分の意のままにするガキ大将です。絵に描いたような悪役であり、とても人間力が高いとはいえません。ところが、映画では体の大きさや力の強さを武器にして、のび太たち仲間と一緒に試練を乗り越えていきます。映画ではパワフルで勇敢なジャイアンにみんなが信頼を寄せる姿が描かれています。

私は、胆識とは、さまざまな苦しい場面に遭遇したときに、自分の経験を基に考え抜き、それぞれの場面で決断し、言葉や行動に移すことであると考えています。胆識は知識の延長線上にあるとは限らないと考えさせられます。

心を使わなければ、考えることはできません。

余談ですが、日本には、「守・破・離」という言葉があります。茶道や武道などで用いられる言葉で、上達に至るまでの過程を表した言葉です。一文字一文字に意味があり、

守＝指導者の教えを忠実に聞き、模倣して技を磨き、型を作り、
破＝守るだけではなく、その型を破ることで自分の型を見出し、
離＝元の型から離れ、独自の境地に達する。

ということを指しています。

ちなみに、中国でもこのような考えがあり、中国の古典『礼記《らいき》』では「蔵・修・息・遊」という言葉で表しています。

蔵＝取捨選択することなく、手本をそのまま真似て、学び、
修＝学んだ知識を応用（実践）して、自分たちのものとし、
息＝自分のものとなった知識を、息を吸うように自由自在に使いこなし、
遊＝卓越した知識を使いこなし、新しい挑戦を楽しむ。

「守・破・離」と意味合いはほぼ同じです。

学校の修学旅行は「修」という文字から分かるように、本来は、学校の勉強で蓄えた知識を実践・活用する機会です。
「就学」「修学」「習学」。同じ読みでも、学び方や学びの深さに違いがあります。日本人は元来、学びを広げるよりも、深めていくことに重きをおいていたことが分かります。

教育とは、時代に合わせて見直されるべきもの

日本の教育については、現在、批判を含めて、さまざまな議論がなされています。知識を詰め込む受験対応型の教育は今ではもう昔のことです。文部科学省は２０２０年に教育改革を掲げ、急速に変化する社会に適応できる力を養うことを目的とした教育を推進しています。まさに今は教育が大きく変化している時期といえます。

学習塾を営んでいますので、保護者からは「私たちの時代とは違う」「どうやって新しい教育に対応したらいいか分からない」などという声が寄せられ、その声には〝コロコロ変わっては困る〟という憤りや戸惑いを感じます。

テレビの報道番組などでも、教育改革が取り上げられ、専門家たちが今の教育のあり方を問題視する厳しい意見を見受けます。そのなかには、「寺子屋のような昔ながらの教育が良かった」「道徳やしつけは日本が大切にしてきた文化だ」というような意見もありますが、本当にそうでしょうか?

そもそも日本には、脈々と受け継がれる一貫した教育方針はありません。

意外に思われるかもしれませんが、「教育」が確立されたのは江戸時代以降で、それ以前はしつけすら家庭で行われることはなかったのです。家庭で教えるのは、農業や商売など家業のことだけ。村で生きていくための教えは村の青年団などから学ぶのが一般的でした。

そんな日本において、教育が体系化されたのが江戸時代の寺子屋での学びです。『童子訓』と呼ばれる教科書を用い、子どもが身につけるべき素養などを伝えました。

明治になると、アメリカなど欧米諸国の教育を模し、知識やノウハウを授ける教育へと移り変わりました。

このように日本の教育は、常に時代ごとに変化しています。

現代のように大きく時代が変わろうとするなかで、教育について議論され、変化を求めて模索しているのはあるべき姿だと思います。

一方、欧米ではどうでしょうか。

日本との違いがよく分かるのがボランティアなどの慈善活動です。欧米では子どもの頃からボランティア活動や寄付などをさせて、慈善事業を体験させます。

文部科学省の調査によると、ボランティアに定期的に参加している日本人の割合は9・2%であるのに対し、アメリカ、イギリス、ドイツ、フランスなどの欧米では26〜37%と非常に高いことが分かります。アメリカの子どもたちが家のガレージで手作りレモネードを販売して、その売上を慈善団体に寄付するという話題を聞いたことがある人もいるかもしれません。私はその話を聞き、「アメリカの子どもはしっかりしているな」と感心しました。

その違いを生んでいるのは、欧米では「自分で生きる力」を育てる教育に力を入れているからではないかと思います。それらはリベラルアーツ教育とも呼ばれ、最近、日本でも注目されています。幅広い知識をもった人材育成を目的としており、日本語では「一般教養教育」と訳されますが、これまでの日本の学校教育で学ぶ一般教養とは少し意味合いが異なるようです。

リベラルアーツの語源は古代ギリシャ・ローマ時代の「自由七科《じゆうしちか》」にあります。「文法」「弁証」「修辞」「算術」「幾何」「天文」「音楽」の7つを指し、「人間が自由に生きていくため」「束縛から解放されるため」の素養とされていたといわれています。単に知識を身につけるだけでなく、実践的な知性や創造力を養うという意味です。

しかし、近代の日本では、即戦力を育てるために、早期の専門教育でスペシャリストを育てようとしてきました。つまり「知識の習得」に重きがおかれていたのです。

日本でボランティアというと「困っている人を助けること」と定義されがちですが、海外のボランティア活動は資金の調達や文化活動、イベント運営など、自分がもっている技術や知識、経験を活かして社会貢献をしようとする傾向があります。欧米の若者にとってのボランティア活動は「見識」や「胆識」を育てる良い機会になっています。こうした経験があるからこそ、ベンチャー企業が生まれ、起業家が多く輩出されるのでしょう。欧米のボランティア活動は人材育成としても欠かせない教育活動なのです。


これまでの日本の教育は、戦後の経済発展に大きく貢献してきました。ですから頭から否定するつもりはありません。ただ「見識」「胆識」を育てる取り組みを省いてしまった教育では、専門以外のことにはあまり詳しくない人が増えると懸念されます。

「予測困難な世の中では複合的に問題発見・解決する力が求められている！　だから、日本でもリベラルアーツ教育を！」と声高々にいうのであれば、まずは日本がどのように人材育成してきたかという経緯にも目を向けてほしいと思うのです。

寺子屋での学びの背景や、武道・茶道の精神など、日本には心を鍛える学びがあることを誇りとし、今一度、見直す時期だと思います。

学校教育を終えても
なお常に学び続ける姿勢を

日本の教育は大きく見直されていて、文部科学省も今後は人間力の育成に注力していこうとしています。しかしながら、同時に教職員の働き方改革も推し進められており、人間力を学校教育だけで養うのは不十分だということも周知の事実です。

そこで、文部科学省は地域や家庭の連携を掲げています。

分かりやすい例が部活動の縮小化です。

学校の部活動はスポーツや文化活動に興味関心がある生徒が参加し、教師などの指導のもと、学校教育の一環として行われてきました。しかし、教職員の長時間労働や少子化などの問題により、部活動を学校教育から切り離して民間に業務委託しようという流れになっています。

野球部であれば、野球の専門家を外部から監督やコーチとして招くといった強豪校のような指導が公立の小中学校にも取り入れられる傾向にあるのです。

外部コーチによる指導は「社会教育」の一環になります。

子どもがロッククライミングをやりたい！と思った場合、学校の部活動ではなかなかそのような機会は得られませんから、クラブチームなどに所属することになるでしょう。それも社会教育です。

ただ学校教育の一環として行っている部活動は、技術や体力の向上だけでなく人間関係の構築や自己肯定感、連帯感、責任感など、人間的成長を含めた多様な学びの場とされています。

部活動が社会教育に委ねられるとなれば、そうした人間的成長は望めるのか?という課題が浮き彫りになります。

そこで注目されるのが「家庭教育」です。

文部科学省は、これからは「学校」「社会」「家庭」の3つで子どもの教育をしていきましょうという指針をもっているのです。

このように子どもたちの教育も変化するなかで、社会人に対しては生涯教育という名で「学び続ける姿勢」が求められています。

大人の学びでは「知識」を深め「見識」と「胆識」を身につけることがカギとなります。そのため、どうしたら「知識」を「見識」「胆識」に昇華させられるのか、という質問をよく受けます。「見識」を身につけるには、物事を幅広くかつ深く考える習慣を身につけることが大切だと答えています。

習慣づくりとは、まさに「学び続ける姿勢づくり」です。

私は習慣を身につけるには3つの心得があると考えています。

第1は「目先のことにとらわれることなく、何事も長期にわたって観察すること」

第2は「物事を多角的、さらに全体的にとらえ考えること」

第3が「何事も自分の問題としてとらえ、本質をとらえる努力をすること」

こうした過程を経ると、自分の価値観を自覚でき、真の思考が醸成されて優れた判断力が身についてきます。

私はさらに、その根底に「志」をもつことが必要だと考えています。

志とは、将来の夢や希望など、人生のテーマのことです。

「自分にも、相手にも偽りなく、正直に生きていこう」とか、「家族の幸せを守りたい」など、自分が生きていくなかで最も大切にしたいと思う考え方などで、それは自分という人間の幹になります。

何かしらの知識を得たときに、それを鵜呑みにせず、自分の「志」に照らし合わせて考えてみれば、現実に対する受け取り方や反省が生まれます。

例えば、働き方改革について、単に「労働時間を減らしましょう」「プライベートの時間を大切にしましょう」と言われて、そのまま受け取り、労働時間が長くなると「ブラックだ」という人は多いです。偏った報道によって思考が固まってしまっている人も多いと感じます。

しかし、ここで、自分の「志」に照らし合わせて考えてみます。「大好きな仕事で夢をかなえたい」と思っている人は、「仕事が好きだから、会社の規定で労働時間が減ってももっと仕事に励みたい。空いた時間は仕事のための自己研磨の時間に使おう」と考えるでしょう。「家族の幸せを守りたい」と思っている人は「プライベートの時間を使って家族で何が楽しめるだろうか」と与えられた時間を有意義にしたいと思うでしょう。

また「志」に照らし合わせて生まれる反省は特に大切です。

人生は迷いと選択の連続です。迷ったときに、自分は本当はどうしたいのかを考えれば、自分の選択に「それを選んだ理由（分別）」が生まれます。自分の価値観とは「納得するか否か」ですが、納得する基準の一つとなるのが「志」なのです。

さらに「見識」は、それを実行に移すことで初めて大きな仕事を成し遂げることができます。見識に決断力と実行力が加わったものが胆力のある見識、すなわち「胆識」です。これはさまざまな抵抗や障害を断固として排除し実践していく力量のことといえます。

それでは胆識を身につけるには、どのようにすればよいでしょうか。その基本を陽明学では「事上磨錬」であるといっています。事の上で練磨すること、つまり日々の仕事に徹底的に打ち込み、その努力の積み重ねのなかで身につくとしています。

社会で有用な人材になることを目指して、己《おのれ》を修めていくのです。これを陽明学では、「知ることは行うことの始まりであり、行うことは知ることの完成である」という思想で、「知行合一」と呼んでいます。陽明学の祖である王陽明の語録をまとめた『伝習録』は、江戸時代に武士階級の間で人間学の教科書として広く読まれ、特に幕末の志士たちにとっては精神的な原動力になっています。また明治人の人間形成にも大きな影響を与えています。

知識が見識になり、さらに胆識になることによって、人間の「器《うつわ》」や「量《はかり》」が次第に大きくなっていく。いわゆる「器量人」といわれるもので、人の上に立つ者ほど必要とされる資質だといえます。

書物や偉人などから得た言葉でも、自分の考えを盛り込めば十分に自分の言葉になっていきます。

現在の日本には「大人」だと自信をもって言える人が少ないのと同様に、単なるおしゃべりに過ぎないような知識が氾濫しているように感じます。

それは戦後の日本の教育が知識偏重になり、人間としての質を高める人間学の教育が軽視されてきたためではないかと案じています。知識だけでなく、真の見識や胆識に優れた人となり、またそのような人材をいかに育成するかは、日本が直面している大きな課題です。

人は人で磨かれることを実感した教師時代

私はさまざまな経験から自分の言葉を磨いてきました。特に教師時代の経験は今の私を形成する非常に尊い経験です。まさに「事上磨錬」の連続でした。退学した生徒から学んだこともあります。

あるとき、喫煙で警察に補導された生徒が「先生、いろいろお世話になったけれど、また捕まったから学校を辞めるわ」と言ってきたことがありました。「喫煙くらいでなぜ辞めるんだ」と引き留めましたが、本当の理由は喫煙や補導ではありませんでした。

「先生、弟が不良になって家族が困っている。お母さんは離婚したいのにできずに自殺未遂をして、俺が救急車を呼んだこともあった。俺は家にいたいんだ」と生徒は事情を話してくれました。彼が学校を辞めて解決できる問題なのかは当時の私には分かりませんでしたが、「そうか、自分の人生を自分で考えたんだな。頑張れよ」「もしも、もう一度、高校に通いたくなったらまた来いよ」と言って送り出しました。

正直、苦しかったです。

「両親は頼れない。弟を救うのは自分しかいない」

そう言って、彼は高校を去ったのです。16歳、17歳の子どもが背負うのにはあまりにも大きな問題です。教師であっても、それを肩代わりすることはできません。

彼がいなくなった教室で、教師とは何かを考える日々が続きました。

それから2年後、彼は私の元にやって来ました。

「先生、高卒の資格はどうやって取れるんですか?」と聞きに来たのです。彼は元気そうでした。久しぶりの再会に安堵して、「家族はどうした」と聞くと、母親は離婚が成立して元気に暮らしていると言い、弟も落ちついてきたと話してくれました。

「中卒では給料が全然上がらないんです」

それが、彼が高校に戻った理由でした。

ここで私は改めて彼が抱えていた問題は高校で解決できることではなかったと確信しました。彼にとっては家庭でしか解決できなかったのです。

退学を申し出たときに、私があれやこれやと助言したとしても、彼には響かなかったでしょう。そればかりか無理に高校にとどめることで彼は家庭に注ぐ時間をつくれず、そのまま家庭は崩壊していたかもしれません。

自分で自分自身を振り返って、自らの頭で考えないといけないよと、ただそれだけしか彼に言ってあげられることはありませんでした。私たち教員は、子どもを信じて、待つしかない、と知った経験でした。

またこんなこともありました。

卒業生の母親から電話があり、「息子が失明して落ち込んでいるから、励ましの電話をかけてあげてほしい」と言われたのです。「まさか、そんなことが……」。その子の元気だった姿を思い出すと居た堪《たま》れない気持ちになりました。20歳そこそこで目が見えなくなった彼にどんな言葉を掛けていいのか見当もつかず、私はこんな大事なときに掛けてやる言葉ももっていないのか、と自分の未熟さを痛感しました。

それから一カ月が過ぎ、私はいまだに電話をかける勇気をもてずにいると、なんと本人から電話がかかってきました。失明したことを自ら報告してくれたのです。

「お母さんから聞いていたけど、どんな言葉を掛けていいか分からず、電話ができなかった」

私は素直に謝りました。

すると彼は「大丈夫ですよ、先生。僕は最近、点字の練習も始めて、なんとかそれで働くつもりですし、同級生は車に乗せるよと言って、僕をいろんなところに連れてってくれるんです。だから大丈夫ですよ」と笑いました。

まさかこんな元気な声を聞かせてくれるとは思ってもおらず、私はとても驚きました。そして、彼の様子に安堵すると同時にこの上ない感謝の気持ちが溢れてきました。こんなときに声も掛けられないような不甲斐ない教師にわざわざ電話をしてくれるなんて……。彼は失明という大きな困難を受け入れて、人として強く成長している。そのたくましさに触れることができ、教師としてこれ以上の喜びはなかったのです。

「自分なんかよりもよっぽど立派だ」と思いました。

彼は、言葉を見付けられずにいた力ない私を思いやり、明るく元気な声で励ましてくれたのです。この一本の電話をするまでに、彼がどれだけ壮絶な思いをしてきたのかと想像すると、私はさらに言葉を失いました。

そんな私をいたわるように、彼は明るく話し続けてくれました。

こういうときにどんな言葉が響くのかとか、どんな見方をすればいいのかとか、彼にそんな知識があったとは思えません。

「元気な自分を見せたい」「心配する先生を安心させたい」

彼のそんな一途な気持ちが、私に勇気と感動をくれたのです。

「ありがとう。電話をくれて本当にうれしかった」「君なら大丈夫だ」

私は彼のたくましい成長をねぎらい、エールを送りました。

こうして、さまざまな経験から一つひとつ超えて、何十年もの間にいくつも考えてきて、ようやく自分の「志」や「価値観」が分かりました。自分なりの言葉をもてるようになったのは彼らのおかげでもあるな、と感じています。

自分のことをどのくらい知っているか

自己成長は、自分を知ることから始まります。まずは自分の長所を知ることです。自分の好きなことや好きでなくてもずっと続けてきたこと、そんな自分を認められる物事が誰しもあるはずです。

それを長所と呼べるのかどうか、自分では評価しづらいこともあると思いますので、長所を見つけるコツをお伝えします。

1　過去の経験から「褒められたこと・驚かれたこと」を探る

自分の経験のなかで、他の人から褒められたこと・驚かれたことはないか思い出してみてください。

例えば

・仕事で企画のアイデアを出してみたら「斬新でいいね！」と褒められた
・自分の好きな本を友人に紹介してあげたらすごく気に入って喜んでくれた
・自分の今後の働き方について友人に語ったら「そんなに考えてるの!?　すごい！」と驚かれた、などなど。

それらを紐解くと、

・みんなが思い付かないようなアイデアを考えることができるという長所
・相手が気に入りそうな本を考えてオススメできるという長所
・自分の人生についてしっかりと考えをもっているという長所

につながっているわけです。

こうして過去に他人から受けた自分の行動に対するフィードバックをたどっていけば、具体的な長所や強みを洗い出すことができるのです。

特に褒められたり驚かれたりすることは、まわりの人がやらないようなことをするから起こることなので、自分の長所になりやすい部分です。

2　短所を徹底的に洗い出してとらえ方を変える

自分の長所が分からなくても、自分の短所はたくさん知っている人は多いです。私も昔は「自分にはダメなところばかりだ。良いところなんてない」と思っていた人間でした。

でも短所は、ちょっととらえ方を変えれば一気に長所に変わります。

例えば

・「飽き性」が短所だと思っている人

飽きっぽい⇩いろんな物事に目が行く＝たくさんのことに興味をもつ＝好奇心旺盛

・「頑固」が短所だと思っている人

頑固⇩人の意見を聞かない＝自分で決めたことを突き通す＝自分の軸がしっかりしている

・「何でも切羽詰まらないと行動できない」が短所だと思っている人

いつもギリギリで行動⇩必死で最後に間に合わせようとする＝瞬間的な行動力&集中力がずば抜けている（もしくは〝追い込まれるプレッシャー〟に強い）

実はこれらの例は、ほとんど私自身が自分の短所だと思っていた部分です。しかし別の視点から見ると自分の長所でもあることに気づきました。

このとらえ方ができるようになると、自分の短所すらも活かしていこうと前向きに動けるようになります。

長所を活かし、
自分に誇りをもてる人になろう

人は案外、自分のことを知りません。

すばらしい可能性を秘めているにもかかわらず、それに気づいていないものです。本書では、大人になるために自分の言葉をもつことを重要視していますが、自分に自信がないのに、堂々と人に何かを伝えることはできませんし、そんな状態では相手もあなたの言葉を受け止めてくれません。

誇りをもつことで折れない心が、そして自分の未知なる可能性を信じる心が育まれます。自分自身を信頼して、可能性を広げるために自分の長所を思う存分発揮しましょう。

それには、自分を好きになること、そして、他人と比べないこと。

もしも長所を知ってもなお自分を好きになれないことがあれば、日々、小さな成功体験を重ねて、自分を褒めることから始めます。成功体験は達成感ともいえます。なんとなく過ごしていて得られるものではなく、困難なことに真摯に向かい合い、乗り越えることで得られるものです。日常生活のなかではそれほど大きな挑戦ができなくても、「毎日1万歩歩く」「会社周辺のゴミ拾いをする」など、良い習慣をきっちり続けることでも得られます。

言い換えれば日々の生活を大切に生きるということです。何かを乗り越えたり、やり遂げたりした経験は自信を高めてくれますので、新たな物事に取り組む際の原動力になります。また自分だけでなくまわりの人たちにも良い影響を与えるはずです。こうして幸福感を増していくことも、誇りある人の特徴なのです。

また、そのなかで、人は完璧でないと知ることも大切です。

人には得意不得意があって、できないことを克服しようと努力することを良しとする傾向がありますが、私はそればかりが成長だとは思いません。不向きなことに多くの時間を費やして身につかなかったときには、さらに自己肯定感が下がります。そんなときは、できないことがあっても当たり前と気持ちを切り替えて、自分の長所を伸ばすようにしましょう。そうして自信をつけてから、「不得意なことにも取り組んでみよう」と心躍る挑戦する気持ちで自分の可能性を広げてください。

私が教師をしていた１９８９（平成元）年の卒業生に自分の誇りを捨てなかった生徒が

います。彼は機械科の生徒で、高校2年生から私が担任をしていました。

進路相談の際に、「将来どう考えているんだ?」と聞くと、「先生、パイロットになりたいんです」と言って私を驚かせました。

当時、私の工業高校から大学へ進学する生徒はいませんでした。ましてや「パイロットになる」という生徒は一人もいません。大半の生徒が高校卒業後は就職を選択していたのです。「パイロットにはなれないね」と彼の気持ちを聞かず冷たく言い放ちました。なぜなら彼は英語が最も不得意で、そのときの私から見れば「寝言は寝てから言いなさい」くらいのレベルだったからです。整備士ならまだしも、パイロットは並大抵の努力ではなれないと思いました。

「まあ整備士になるための学校ならあるから、まずは大学に進学しないといけない」とは言ったものの、「ただ、今の学力では難しいから考えなおしたほうがいい」と、正直に進路を考えなおすように伝え、進路相談を終えました。


それから少しして、彼の母親から面談希望の電話がきます。彼に大学へ進学することが難しいのを正直に伝えたことがまずかったかな、と思いながら母親との面談を設定しました。

面談当日、母親から相談の内容を聞くと、父親の仕事の関係で家族がもともと住んでいた埼玉へ帰らなくてはいけなくなってしまった、と言ってきました。それだけならいいのですが、今の工業高校のカリキュラムと合う高校が埼玉に見つからず、彼を愛知に置いて下宿させたいと相談されたのです。

私もできるだけ家族の希望に沿いたいと、母親との面談後、彼の下宿を許可してもらうように上司に稟議書を出しました。すると、1カ月ごとに私が彼の下宿先へ家庭訪問を行う、という条件で承認されました。

彼が高校3年生になり一人で下宿をし始めた頃、私が初めて彼の下宿先に家庭訪問をしたときのことです。彼に出迎えられて部屋に入ると、そこにはベッドと机、それと見慣れないボロボロの椅子が一つありました。「この椅子は?」と彼に聞くと、「飛行機の椅子ですよ。オークションで買ったんです」とうれしそうに答えました。

「先生、座ってみてくださいよ」と言ってきたので、私はその椅子に腰を掛けました。そうして、座りながら部屋を見渡すと、壁の上には飛行場の写真がたくさん飾ってありました。

写真のことを聞くと「僕が撮影した写真です。父の転勤で日本中を回ったときに飛行場を撮影したんです」と彼は答えました。続けて「僕、本当にパイロットになりたいんです」と言ったのです。「前にも言ったが君の学力だとパイロットにはなれない。まずは大学に行ってはどうか」と彼に言うと「パイロットになれるなら大学に行きます。でも大学に行くにはどうしたらいいですか」と質問してきました。「今の成績だと厳しい。まずは予備校に通う必要がある」と伝え、心のなかでは彼の学力では1年ぐらいは浪人が必要だと思っていました。

すると今度は「予備校に行く学力がなければどうしたらいいですか？」と続けて質問してきました。そのときの私は「本当に予備校に行きたいなら今のうちに中学生向けの学習塾から通ったほうがいい」と正直に伝えました。

家庭訪問から1カ月後、驚いたことに彼は学習塾に通い始めたのです。真面目だな、とは思ったものの、私としては彼が今年大学に受かることは難しく、卒業後は埼玉に帰ってしまうのであまり気には留めていませんでした。

時は流れ、3年生の秋。私は彼を大学に推薦しましたが、結果はやはり上手くいきませんでした。

その後、卒業の時期を迎えます。ふと、私が彼の卒業文集に目を向けると、「若いうちにチャレンジしないと後悔する。必ずパイロットの夢を追い続ける」と書かれてあったのです。

そして、彼は卒業し、新入生たちが入学します。

すっかり私も彼のことを忘れていましたが、卒業からちょうど1年たった頃です。

彼から一通の手紙が届きました。

「なんだろう?」と思いながら手紙の中身を見てみると、1行だけこんなことが書いてありました。

「先生、僕、今神戸にいるんです。何をしているかは聞かないでください」

一体なんのことかも分からず、そのときもあまり気には留めていませんでした。


そこからまた1年後、同じように彼から手紙が届きます。

「先生、僕は今カリフォルニアにいるんですよ。何をしているか分かりますか?」と書いてあるのです。そのときも彼が何をいいたいのかあまり考えず、気にしていませんでした。


そこからまた半年ほど経った頃、今度は電話がかかってきたのです。

「先生お久しぶりです。ようやく日本に帰ってきました。僕が今何をしているか、分かりますか?」と聞いてきました。そこでこれまでの彼のことを思い出し、「もしかしてパイロットになるために、1年目は語学の学校に行って、2年目はアメリカに行ってセスナの免許でも取ったのか?」と聞きました。

すると彼は、「半分当たってます。実はジェット機の免許を取ったんです」と答えました。そのときは本当かな、と思ったのですが、彼は続けて、「アメリカの免許を日本の免許に書き換えないといけないので、今は日本で勉強して試験を受けようとしているんです」と言いました。まさかあの彼が本当にパイロットになるなんて、半信半疑な私は、「俺はまだ信じてないから、日本の免許が取れたら、学校へ来なさい」と彼に話しました。

その電話から1年以上の月日が流れ、彼は本当に学校へ来たのです。

アメリカのライセンス、日本のライセンスをもち、当時の練習していた飛行機の写真を見せてくれました。

「本当に免許を取れたのか。今は何をしてるんだ?」と聞くと、「今は成田で駐車場の警備員をしています」と答えました。なぜ免許をもっているのに、駐車場の警備をしているんだと不思議に思いそのことを聞くと、バブルが弾けたばかりでパイロットの採用がない、との返事でした。

「先生、なぜ僕が4年間を費やして飛行機のライセンスを取ったのかといえば、飛ぶためです。飛ばなければ費やした年月は意味がなくなります。必ずパイロットになりますよ」と言いました。彼のパイロットになるという覚悟を知った瞬間でもありました。

その後、ようやく彼はパイロットの夢を叶えます。

「広島と高知間で荷物を運ぶ貨物機のパイロット」や「石川県の小松基地で待機のパイロット」を経て、今は「パイロットを育成する学校の教員」をしていると連絡がありました。

あるとき彼から電話がかかってきて、「今から名古屋空港から九州へ飛びますんで、先生の学校の上を通過しますよ！」と連絡がありました。そのときは「落ちてきたら困るから来なくていい」とは言ったのですが、心のなかでは本当に来るのかな？と思い、学校の空を見上げると、本当に彼の飛行機が学校に来て、旋回して帰って行ったのです。

それからまた何年か経った頃、今度はパイロット学校の教員を辞めた、と彼から連絡がきました。せっかくパイロットになれたのに、なんで辞めたのか理由を聞くと、彼は「旅客機のパイロットの夢」が捨てきれなかったからだと言います。

話を聞くと、彼は幼い頃沖縄に住んでいて、那覇空港に離発着する旅客機を毎日のように見ていたそうです。だからこそ、パイロットのなかでも、お客さんを乗せるパイロットになりたかったらしいのです。

しかし、免許があるからといってすぐに旅客機のパイロットにはなれません。旅客機の練習を何十時間、何百時間する必要があります。さらに、アメリカへの留学費や、練習するための燃料費のお金を貯めないといけません。しかし、それでも彼は旅客機のパイロットになるために、パイロット学校の教員を辞めました。

そうして、私の高校を卒業して二十年以上の時が経ち、彼が40歳を過ぎた頃——ついに旅客機のパイロットの夢を叶えるのです。茨城から上海を結ぶ便の副機長としてようやくデビューしたそうです。

吉田松陰の言葉に「できないのではなくて、ただやっていないだけです。まだやったことがないことを、『怖い』『面倒くさい』『不安だ』と思う感情は、過去の偏った経験が作り出す、ただの錯覚です。実際にやってみれば、意外とうまくいくことの方が多いのです」というのがあります。

他人とは比べず、自分自身のパイロットになりたいという一心で突き進んだ彼を見ると、本当に人には無限の可能性があると思い知ります。

なぜ私たちが暮らす「日本」を学ぶべきか

知識をもち教養のある人になるには、知識の質を見極める必要があります。

大人になるには、得てきた学びを自分の考えに転換できなければなりません。「大人の資格とは」という問いに対する答えを自ら見付けるための学びは数多くあります。

私が学びの中心にするとよいと思うのは日本という国についてです。

国家や地理、はたまた政治や教育、文化、偉人の言葉など、さまざまな角度から日本を学びます。日本について学ぶと、そこには私たち日本人の根幹となる考え方やあり方が深く反映されていることが分かり、それらを知るだけでも大人になるためのヒントになります。

例えば、二宮尊徳の「たらいの水」の話などは、日本の利他の精神を伝えています。

その話とは、たらいに入った水を、全部自分のほうに寄せようとすると、手前の縁に当たって、縁伝いに少しずつ自分から離れていきます。逆に、水を相手側に送ると、相手側の縁に当たった水が縁伝いに波に揺られて、自分のほうに集まってきます。水を相手側に送り続ければその水は自分の方に集まり続けるというものです。

相手が笑顔になることを続けていれば、それはやがて大きなものになって自分に返ってくる。「他が生かされる道は、我が生きる道なり」ということです。

　これは一例に過ぎませんが、日本を学ぶことによって、一つの物事に対して、いろいろな角度から見られるようになっていきます。そうすれば、個人が自分自身の価値観や志を明確にし、自分の言葉をもった大人へと近づくことができます。

47都道府県で自分を知る

私の大人向け塾に来ている受講生のなかには、3～4年通い続けてから、ようやく「高山先生の言っている意味が分かりました」という人がいます。大人になる学びとは、英語の文法や数学の公式を覚えるような知識の習得ではなく、実社会において学んだ知識と「物事の本質」が結び付き、「そうだったのか」と自分なりにとらえることで身につくと考えています。

大人の学びと聞いて、よほど難しいことを学ぶのだろうと身構える人もいますが、最初の講義で行うのは「47都道府県を覚える」ことです。小学4年生の社会科で初めて習い、中学2年生で再履修する内容です。「そんなことをするのか」と思われるかもしれませんが、実際に白地図を広げて県名を記入してみてください。

東京を中心に県が密集する関東地区の各県を正しく答えられますか？　九州7県を答えられますか？　東北地方はどうですか？

意外ですが、私の大人向け塾の受講生でも47都道府県をすべて正確に記入できた人はほとんどいません。受講生は高校大学を卒業し、実社会で活躍する人たちです。そんな学歴をもつ社会人でも書けないのです。

受講生たちは口々に「もっと書けると思いました」「記憶があいまいです」と言い、自分の知識が不確かであることを実感しています。私が「小学校4年生の内容ですよ」と笑うと受講生も苦笑いします。

しかし、私がこの講義で伝えたいのは47都道府県をすべて覚えてほしいということではありません。


実は、このワークを通じて少なからず自分を知ることができるのです。

受講生それぞれが記入した白地図を見ると、その人のルーツが分かります。例えば、私が住む愛知県は自動車産業を中心としたものづくりが盛んな地域です。名古屋という都市をもち、全国的にも人が集まりやすいという特徴があります。かつて愛知県には地方から労働者がたくさん集まってきました。その多くは九州地方からの流入です。ですから、愛知県の人たちは九州に故郷をもつ人が多く、九州7県の県名・位置をよく知っているという傾向があります。逆に、東北地方についてはあまり詳しくありません。

家族・先祖からのルーツだけでなく、「関東の大学出身なので」とか、「妻が東北出身です」など、自分の人生に影響を与えた物事や人によって、日本のどのあたりに詳しいかが変わります。

白地図に知っている県名（知識）を書き込むだけでその人が見えてくる。このように知識を活用する「見識」が身につくのです。

それだけではありません。私はこうして自分がどの地域に詳しいかを知ったのち、各県の県民性についてお話しします。

例えば愛知県は、尾張の織田信長・豊臣秀吉、三河の徳川家康と3人もの天下人を輩出していますが、意外にも現実主義で冷静です。名古屋という都市をもちながら、田舎っぽさから抜けきれていません。それどころか、大いなる田舎に甘んじているところがあります。そのため、自意識過剰、合理主義、個人主義でありながら、はみ出したことを避ける風習により、チームワークを必要とする製造業で天下を取っています。

このように都道府県ごとにさまざまな県民性があり、自分が住む地の県民性だけでなく、両親や祖父母の出身地の県民性を受け継いでいます。さらに今まで住んだ場所やパートナーの出身地などの県民性にも影響を受けており、それらを知るだけでさらに詳しくその人の人となりが見えてきます。

「愛知県で生まれ育ち、両親は鹿児島県出身、横浜の大学に進学し、妻は京都出身」などと、自分の軌跡を47都道府県でたどってみるだけでも、自分の考え方や立ち振る舞いの傾向をつかむことができます。

それらをさらにもっと深く追求していくと、自分はどのような行動をすればうまくいくかという方向性も見えてきます。

愛知県民なら現実を冷静に見つめ、自分を尊重しつつもチームワークを大切にすればうまくいく可能性が高い、ということです。もちろん、一概には言い切れませんが、一つの参考にはなるでしょう。

また、県名を思い出せなかった地域に対しても、「この機会に覚え直そう」とすることで他県に興味をもつきっかけになります。

「次の旅行では、この県に行ってみよう」「そういえば、職場の○○さんの出身地だったな」「私には縁がない地域だけどそんな県民性があるのか」「素直だけど情熱的。確かにそんなところがあるな」とどんどん思考が広がり、他者理解にもつながっていきます。

こうして知識を自分の仕事や生活に落とし込んで、新たな思考やアイディアを生み、理解や行動に移せるようになることが、「胆識」の養成にも通じていくのです。

「徳」について考える

いくつになっても、いつでも、誰でもできる
「大人の学び」が人生を充実させる

学校教育で得た知識も見方を変えるだけで発見が多く、今すぐに役立つ情報になります。「学校での学びが社会で何の役に立つのか」と思っていた人も、知識を活用する面白さを知ると途端に学びに前向きになり、当然、深く知識が定着します。できれば小中高の在学中にこのような学び方をしてもらいたいものですが、受験にゴールをおいた勉強法ではなかなかそうはいきません。

学校教育では学ぶ機会に恵まれませんが、大人になればなるほど、知っているか否かが大きな差になるのが「徳を積む」という考え方です。

私の塾では、まず「徳」をあらゆる角度から考察します。それから偉人の言葉や生き方から「徳」とは何かを自分なりに考えます。

まず「徳」という漢字の成り立ちですが、「徳」という文字は会意文字です

「十字路の左半分」の象形（「道を行く」の意味）と「上にまじないの十をつけた目の象形と心臓」の象形（「まっすぐな心」の意味）から「まっすぐな心で人生を歩む」を意味

する「徳」という漢字が成り立ちました。

辞書で書かれている「徳」の意味を見てみます。

とく【徳】

1 精神の修養によってその身に得たすぐれた品性。人徳。「―が高い」「―を修める」
↓徳目

2 めぐみ。恩恵。神仏などの加護。「―をさずかる」「―を施す」

3 ⇩得《とく》

4 富。財産。

5 生まれつき備わった能力・性質。天性。

「徳」を積む実践として、二宮尊徳翁（二宮金次郎）の言葉は勉強になります。

なかでも、代表的な言葉である「積小為大《せきしょういだい》」（小を積みて大と為すという意味）は、私の大人向けの塾でも最初にお話をしています。

「大事を成さんと欲する者は、まず小事を務むべし。大事を成さんと欲して小事を怠り、その成り難きを憂いて、成り易きを務めざる者は、小人の常なり。それ小を積めば大となる」

そのほかにも良い言葉がたくさんあります。


「道徳なき経済は犯罪であり、経済なき道徳は寝言である」

「人道は一日怠れば、たちまちすたれる」

「すべての商売は売りて喜び、買いて喜ぶようにすべし。売りて喜び、買いて喜ばざるは道にあらず。貸借の道も、また貸して喜び、借りて喜ばざるは道にあらず」

「万町の田を耕すもその技は一鋤《すき》ずつの功による」

「一人の人間は、宇宙にあっては限りなく小さいが、その誠意は天地をも動かすことができる」

「人は徳のある人に従いてくる」

「政事は豆腐の箱の如しである。箱が歪めば豆腐も歪む」

「心の田畑さえ開墾ができれば、世間の荒地を開くこと難しからず」

「誠実にして、はじめて禍《わざわい》を福に変えることができる。術策は役に立たない」

「貧富の違いは、分度を守るか失うかによる」


など、商売や身構え、志など、さまざまな面において本質に触れることの大切さを説いています。私の大人向けの塾では、なぜそれらの言葉が生まれたのか、二宮尊徳の生い立ちや業績にも触れます。

毎晩勉強していた二宮金次郎は、読書をするための油代を稼ぐために荒地に菜種を植えました。捨て苗を荒地で丹精込めて育てることにより、このたった一握りの菜種から秋には一俵の籾を収穫することができ、7~8升の油になったそうです。これらの体験から自然の恵みと人の力のすばらしさを知るとともに、小さな努力の積み重ねが大切（積小為大）だと学び、これが金次郎の後の行いや考えの基になったとされています。

今から240年ほど前の1783（天明3）年4月に浅間山の噴火が始まりました。そして7月の最後の大噴火は、上野国《こうずけのくに》（今の群馬県）のある村を全滅させるほどの大災害をもたらしました。さらに吹き上げられた火山灰が空を覆い、太陽の光をさえぎったため、夏になっても気温が低く農作物の成長を妨げたのです。これが起因となって、全国に凶作が広がり、それは何年間も続きました。こうして数十万の人が飢え死にすることになったのが、江戸時代におきた「天明《てんめい》の大飢饉」です。

二宮金次郎が今の小田原市栢山《かやま》で農民の子として生まれたのは、こんな時代のさなかである1787（天明7）年でした。金次郎の家は栢山村では豊かな地主でしたが、金次郎が4歳の頃、小田原付近は恐ろしい台風に見舞われ、酒匂川《さかわがわ》の堤防が決壊。一気に流れ出した水が田畑を覆いつくし壊滅的な状態となりました。これを元の田畑に戻すのには、何年いや、何十年かかるか分かりません。このときから二宮家は貧乏のどん底にたたき落とされることになりました。

それから数年すると父が過労で倒れ、金次郎は父に代わって働くようになります。そして金次郎は14歳のときに父を病死で失い、16歳のときに母も病死で失います。残された兄弟3人は一家離散し、金次郎は伯父のところへ預けられました。ここでも金次郎は一生懸命に働き見事に生家復興を果たし、これを皮切りに農村復興、財政再建の人生がスタートしました。

最初に金次郎が行ったのは、小田原藩の家老の服部家の破綻した財政の立て直しでした。次に荒れ果てていた桜町領（現栃木県）を復興し、桜町に隣接する青木村、谷田部と次々と復興をさせていきました。こうして69歳で亡くなるまでに600余村の農村や藩の貧困を救いました。なんと1842（天保13）年には、当時天保の改革を進めていた老中・水野忠邦《みずのただくに》から御普請役格《ごぶしん》を命じられ幕臣にもなりました。一農民が幕臣にまで出生したのは異例のことであり、二宮金次郎の名前が日本中に広まるきっかけになったのです。

こうして金次郎は「報徳思想《ほうとくしそう》」、「経済と道徳の一致」など数々の教訓を後世に残しました。

私は最も大きな功績は「積小為大」という言葉が本物であることを証明してくれたことではないかと思います。古今東西の世界の偉人を見ても金次郎ほどこのことを実践し成功した偉人はいないと思うのです。

私たちは中学校で「歴史」、高校で「日本史」を授業で習いましたが、日本人の「徳」の代表である二宮尊徳のことは詳しく習いません。私たちが学んだのは、外国人が学ぶ内容と同様、日本の歴史であり、日本という国が描かれた「国史」ではないのです。

金次郎の後生、内村鑑三が著作『代表的日本人』で彼を紹介し、それが英訳されて世界中に名が知られる偉人となりました。世界記録も、世界に名を成すのも、小さい努力の積み重ねであり魔法の杖などないのです。

こうしたことはわずか数人の会社が大企業になるのも同じだと思います。

ある企業の創業ストーリーをご紹介します。

1945（昭和20）年3月10日の東京大空襲で、東京浅草で営んでいた小さな用品店は灰燼《かいじん》と帰してしまいました。兄と母が心血を注いでわが子を育てるように守ってきた店が一夜の戦火で跡形もなく消えてしまったのです。しかし明治から商人の道を歩んできた母にとって、店がなくなる経験は初めてではなかったそうです。１９０４（明治37）年の日露戦争のとき、続いて１９２３（大正12）年の関東大震災でもすべてを失った経験をもっていました。しかも母はそのたびに屈することなく不死鳥のようによみがえったといいます。このときも当時53歳の母はいの一番に立ち上がって歩き始めました。

１９４５（昭和20）年12月、東京・北千住の中華ソバ屋「たぬき屋」の軒先からの再出発。お金もない、土地もない、信用もない、ないないづくしのスタートでした。そんななかでも母は「お客様は来ないもの」「取引をしたくとも取引先は簡単には応じてくれないもの」「銀行は簡単には貸してくれないもの」、そのような、ないないづくしから商いというものは出発するものと息子たちに言い聞かせたといいます。

この店が現代のイトーヨーカドーの前身です。

イトーヨーカドーの創業者の伊藤雅俊は母から学んだことをこのように振り返りました。

「全てが揃っていたり、揃う目処がついた時点から商売を始めた人はその感覚が乏しいのではないかと思う。全てがないことがあたりまえなんだ、あるようになることは本当に有難いことなんだという思いでスタートした人は、商売の形態、精神力、お客様との関係などを力強く推し進めていくことが出来ると思う」

何をするにも、結局は小さな努力を積み重ねていく以外にはないのではないかと思います。

日本語から知る、日本の思いやり

偉人の生き方を研究していくと、〝日本らしさ〟というキーワードにも行き着きます。後世に残るような偉業を成し遂げていなくても、私たちは日本という国の中で大人としての生きる知恵を受け継いでいます。

そうした知恵は「日本語」に表れています。

「傘かしげ」や「肩引き」という言葉になじみがないと思う人でも、普段の生活で何気なくこれらの行為をしているはずです。

「傘かしげ」は、雨の日にお互いの傘を外側に傾けてすれ違うしぐさのこと。「肩引き」は、すれ違う際に左肩を路肩に寄せて歩くしぐさです。路地が狭い江戸の長屋住まいでは人とすれ違うときには相手を思い、雨の日にはお互いの傘を反対側に傾けて雨水が相手に掛かるのを防いだり、肩が当たらぬように身体を引き寄せた、というしぐさが言葉となって受け継がれているのです。

また私たちが日常的に使っている言葉のなかにも日本の昔ながらの思いやり文化が反映

されているものがあります。

例えば、「朝飯前」という言葉は、とても簡単である、たやすいことという意味で使われる表現です。「父は大工なので、本棚を作るのは朝飯前だ」など、「簡単」とほぼ同じ意味合いで使われます。

しかし語源をたどると、江戸の長屋暮らしで、何かやるべきことがあったとき、朝食前の余裕がなく、力が入らない時間帯でもみんなで協力してやってしまえばたやすい、という意味で生まれたといわれています。

大変なことを一人でやることはない。みんなでやれば簡単だ、ということです。

また「はたらく」という言葉も、漢字では〝人が動く〟と書いて「働く」です。ところが、漢字は中国から伝わったものですので、「はたらく」という音に漢字を当てはめたに過ぎず、漢字には本来の意味は込められていません。

日本語の「はたらく」は、「傍《はた》を楽《らく》にする」という意味です。

傍とは、「かたわら」とも読み、当事者の近くにいる存在を指します。日本語の「はたらく」には、自分のそばにいる人に楽をさせるという意味合いが含まれているのです。

では、ここで質問です。

「はたらく」の反対語は何でしょう？

それは「はた迷惑」です。

あなたの仕事は、人を楽にさせていますか？　迷惑を掛けていませんか？

日本語から気づかされることが実に多いことに感心します。日本語についてもっと知ってみたいな。そんな気持ちになってくれたら幸いです。

「敬語」が人間関係を円滑にする

日本の文化といえば、特徴的なものの一つに「敬語」があります。中国語や英語には丁寧な言い回しはありますが、日本の敬語のようなシステムはありません。

敬語は、人物を「上位者」として表す専用の形式です。敬語には尊敬語・謙譲語・丁寧語があり、主語で表す人物を上位者とする形式を尊敬語、目的語で表す人物を上位者とする形式を謙譲語と呼び、話題の聞き手を上位者とする形式を丁寧語と呼んでいます。これらは中学の国語の授業で習ったはずですが、区別が分からず、今でも上手に敬語が使えないという人もいると思います。

敬語がどのような経緯で誕生したのかたどってみると、古代にまで遡ります。研究によると、8世紀の文献に尊敬語・謙譲語がすでに使われていたことが分かっており、古代の身分制社会にて上下関係を示す形式として生まれたと考えられています。敬語にはさらに天皇・皇后など最上位者にしか用いることができない絶対敬語もあり、敬語の使い方を見れば人間関係が分かります。古典文学の『源氏物語』は文中に主語がほとんど使われていないのですが、「これは絶対敬語だから天皇に話しているんだな」などと、敬語の使い方から誰が誰に話しているのかが読み取れます。

敬語を使うだけで上下関係を表すことができ、相手に不快な思いをさせることがなく、自分が無礼者になることもなかったわけです。

現代に近づくと、自分の話を聞いてくれる相手にも配慮するようになり、丁寧語が生まれます。

そのため、敬語は身分の上下関係を表すだけでなく、社会人としてのわきまえとしても広く浸透しました。相手を上位者として扱うことができ、たとえ自分が上位者であったとしても相手に対する配慮を示すことができる。敬語なんてめんどくさいなと思っていたら損です。敬語は、相手への思いやりを示すことができ、人間関係を円滑にするとても便利なシステムなのです。

日本の文化は、
「相手を気持ちよくすること」が
基本になっている

最近の職場では「女性のお茶汲み」はほぼなくなっています。男女差別だ、男女平等に、などという考えから女性がお茶汲みをすることはなくなっていたのだと思いますが、ひと昔前の職場では、女性社員が朝一番に一人ひとりにお茶を出すのが習慣になっている会社も珍しくありませんでした。しかも、一人ひとりマイ湯呑みをもっていて、どの湯呑みが誰のものかを覚えるだけでも大変だったというのは、今や昔話です。

しかし、それは女性の仕事ではない、と単に片付けてしまうのはもったいないなと思います。

かつてお茶汲みを女性の仕事としていたのには理由があるようです。

例えば男女雇用機会均等法が施行される以前は「寿退社」が一般的で、女性は就職した会社で結婚相手に巡り会うことが多い時代でした。上司が仲人となり、縁を取り持つこともあったのですが、そこでお茶汲みが役立ちます。お茶汲みのしぐさ一つで、その人の家庭のしつけや育ちが分かるからです。もしも、お茶汲みが不慣れであれば、先輩に教えてもらい、人としての資質を高めたのです。

実は、男性の私も新人教師時代には、教職員全員のお茶汲みをしました。50人近くいた全員の湯呑みを覚え、誰よりも早く出勤してお茶の準備をし、一人ひとりの出勤時間に合わせて温かいお茶を出しました。

ある日のことです。

私の上司の一人に肺がんを患っている先生がいました。緑茶は飲めないと言い、いつも水を用意していました。お茶ならば時間が経つと冷めてしまうので出勤時間に合わせて用意しましたが、水は常温で出していました。その日は私の怠け心から「水ならいつ用意しておいてもいいだろう」と先生の出勤時間よりもずいぶん早くに水を注ぎ、先生の机に置いておきました。

すると、先生は出勤してコップの水を口に含むなり、窓際へ行き、窓の外へコップの水を捨ててこう言ったのです。

「誰だ。この水を入れたのは、こっちへ来い！」

私はびっくりして、「はい、私です」と上司に近づきました。上司は言いました。

「この水はいつ入れたんだ？　水が死んでいる」と。

上司はいつもの水との違いを感じ、「君には〝同じもの、同じこと〟だと思っていても、相手にはその気持ちの違いが伝わるんだ」と私を叱りました。

「この先生には水を」と、私は言われたとおりに水を用意していました。しかし、相手を思いやる気持ちには欠けていました。

このとき私は、不条理のなかに真実があるんだと知りました。

「お茶汲みは仕事じゃない」「お茶汲みさせるならその分の手当を付けてほしい」「誰かにお茶を用意してもらわないと水分も取れないの？」などとお茶汲みに否定的な意見が多いですが、それを単なる作業ととらえるから「不必要な仕事」「なんで私がやるの」と感じてしまうのでしょう。そんな言葉を聞くたびに、なんて心が乏しい人なんだと思ってしまいます。

私は決して、お茶汲みをしなさいと言いたいわけではありません。

お茶を出すという些細な行動で相手を気持ちよくさせることができる、日本には誰にでも簡単にできることで、おもてなしの心を伝える文化があることを知ってもらいたいのです。

そして、そんな気持ちで入れてくれたお茶のおいしいこと。お茶汲み一つでも、〝好きでやっている〟〝みんなが喜んでくれるなら〟という気持ちでやれば、その姿は誰かが見ていてくれるものです。

神々から現代に感じること

「徳」を身につけ、人間としての基礎を養ううえで日本の歴史を学ぶことは大切です。なかでも、天皇と日本の神々から学ぶことは多いです。しかし、戦後の日本教育がそれらを学ぶことを阻んでいます。戦後、GHQが行った教育改革では、学校教育と国家神道の結び付きを排除することが盛り込まれており、私たちが天皇や神話を学ぶ機会は失われました。

中華文明では、各国は中国皇帝へ朝貢し、冊封を受けて、自らの国を治める権力に権威付けしてもらっていました。朝鮮王は中国皇帝に「朝鮮王」と信任してもらって、自らの朝鮮統治の正統性を得ました。

ところが、日本には天皇がいるから、そんな中国皇帝の権威は要らないと、中華圏から脱却し、天皇を核とした独自の日本文明として発展していきました。

その後も日本は天皇のもとで国家統制をしています。例えば徳川家康は天皇に「征夷大将軍」と任命されて、日本で政治を行う正統性を得ました。中国皇帝から冊封される必要はなく、幕末、外交政策に行き詰った江戸幕府は天皇に「大政奉還」して、新しい明治政府が誕生します。

それは現代でも同じです。内閣総理大臣は国会で選任され、天皇の信任を得て、正統性を得ます。


権力は武力などで得ることができますが、権威は長い歴史・伝統を経て、より強い正統性をもつものです。

しかし、目に見えないものを信じない唯物論者は、権威がどのようなものか理解できません。自分たちの世代、今生きる民衆の力を過大評価し、ときには自分が神であると錯覚するので、民衆が選べば、そこに権力の正統性があると思っている節があります。

民主主義の本家ともいえるアメリカですら、民衆に選ばれた大統領は、就任式で聖書に手を当て、神に権威付けしてもらう形式を取っています。歴史の浅いアメリカには、天皇のような長い歴史をもつ「権威」が存在しないので、キリスト教の神に頼るしかないのでしょう。

戦後の日本教育で育った人たちも、「戦前の日本人は天皇のことを神だと思っていたんだって」と笑います。そこには「自国の過去の歴史を蔑む」ことに加え、「日本文明の核である天皇の権威を失墜させる」という二つの革命思想の刷り込みがあるのかもしれません。

日本は多神教の宗教観をもっています。

俗っぽく言えば、「漫画の神様・手塚治虫」「打撃の神様・川上哲治」「学問の神様・菅原道真」など、まさに八百万《やおよろず》の神が存在する国であり、日本の権威である天皇は「日本の神様・天皇」というわけです。決して絶対神を意味するものではありません。

一方、キリスト教は一神教ですから、神様は一人であるとされています。

日本にキリスト教が伝来したのは戦国時代です。その目的は侵略であると考えられています。

一神教では、神のもとに行うことはすべて正義であるというとらえ方をしますので、日本人にキリスト教を布教して、一つの正義のもとに治めようとしたのかもしれません。

ところが、日本は多神教ですから、こちらの正義もあれば、あちらの正義もあります。

グローバル社会が広がる昨今、「多様性を認めよう」「島国である日本は多様性に欠けている」といわれていますが、日本人の宗教観こそ、多様な立場・多様な考えを認めるものだといえます。

日本語からも神を見てみましょう。

日本の多神教の「神《かみ》」の語源は、一説によると「上《かみ》」といわれています。自分より「上」の立場にある人。

そのため、昔は幕府などの行政機関なども「お上《かみ》」と呼び、自分の妻を「上《かみ》さん」と呼びます。日本には女性を立てる文化があったのです。

はたまた、日本人特有の敵をも敬う心から、古代日本人の最大の好敵手であった野生動物を「狼（大神＝おおかみ）」と呼んでいます。

こうした日本の宗教観から、日本の皇族と欧米の王族のあり方が異なることも分かります。

王族のあり方には、王様が貴族を使い、貴族は民衆を統治するという関係性がありますが、皇族のあり方にはそのような概念はありません。

天皇にとって国民は大御宝《おおみたから》です。大御宝とは、最も大切な宝物という意味であり、この言葉は2600年前から存在しています。日本にとっては、財宝でも歴史的建築物でも、ましてや王様や権力でもなく、「人」が一番の宝であったことが分かります。

国民を宝とする日本の宗教観は歴史でも物語っています。

幕末、討幕派（薩長主力）と佐幕派（幕府側）に分かれた日本。普通なら、国が真っ二つに分裂してしまいかねない大変な事態です。当時は、西洋諸国が隙を狙って、植民地を得ようとしている弱肉強食の帝国主義の時代です。二つに分かれた日本も標的となり、討幕派にイギリスが付き、佐幕派にフランスが付きました。鳥羽・伏見の戦いにおいて、幕府側は戦力において圧倒的に有利でしたが、15代将軍・徳川慶喜はあるものを見て、江戸へ逃げ帰ったといわれています。

あるものとは、討幕派が掲げた「錦の御旗」です。

錦の御旗は天皇軍（朝廷・官軍）の旗です。錦の御旗は誰もが好き勝手に掲げていいものではありません。天皇に「朝廷に楯突く敵＝朝敵を討伐せよ！」と命じられた藩だけが掲げることができました。

学問が盛んな水戸藩出身の徳川慶喜は尊皇思想を強くもち、「錦の御旗」に逆らうことは、自らが「朝敵」「賊軍」であることを意識します。

そのとき、幕府軍は戦えば十分に勝てる戦力をもっていました。

しかし、徳川慶喜は西欧列強が日本を植民地にしようと狙っているなか、内戦によって日本を弱体化させてはいけないと考えていました。ですから、錦の御旗に楯突くことなく、慶喜が江戸へ逃げ帰ったのです。それにより幕府軍は戦闘意欲を失い、若干の戦闘はありつつも、江戸城無血開城となったのです。世界史的に見たら珍しいほとんど流血のない「革命」が成し遂げられました。こうして慶喜は日本を、ひいては国民を戦火から守り、西欧諸国の植民地となることを防ぎ切って、日本国分裂の危機を乗り越えたのです。

まさに、天皇のおわします賜物だといえます。

先の大戦の終戦時も同様です。

当時の日本では「最後の一人になっても戦う。一億総玉砕」という空気に満ちていました。ところが、8月15日の玉音放送における天皇の終戦の詔によって、日本人は戦うことを止めました。

戦後、日本にGHQのマッカーサーがやって来ました。

マッカーサーは、当初、天皇は戦争犯罪者として起訴されないよう自分の保守を始めるのではないかと考えていたそうです。しかし、昭和天皇に会ったマッカーサーは逆に心を動かされることになります。

9月27日。ただ一人の通訳を連れ、マッカーサーの元を訪ねられた昭和天皇。マッカーサーは、「命乞いに来たのだろう」とパイプを加えたままソファーから立ち上がろうともしなかったといいます。

しかし、昭和天皇は、マッカーサーに挨拶を終えるとこう伝えました。

「私は、戦争の全責任を負う者として、あなたの国の裁決にすべてを委ねます。ただ、国民は住む家もなく、着る物も不自由し、食べるのもままならぬ状態です。どうか、この国民の衣食住のみはご高配賜れますように……」

天皇である自分自身は極刑を言い渡されても受けますから、国民の衣食住を守ってほしいと伝えたのです。

そのときの様子をのちにマッカーサーは回顧録に次のように記しています。

「天皇の話はこうだった。『私は、戦争を遂行するにあたって日本国民が政治、軍事両面で行ったすべての決定と行動に対して、責任を負うべき唯一人の者です。あなたが代表する連合国の裁定に、私自身を委ねるためにここに来ました』――大きな感動が私をゆさぶった。死をともなう責任、それも私の知る限り、明らかに天皇に帰すべきでない責任を、進んで引き受けようとする態度に私は激しい感動をおぼえた。私は、すぐ前にいる天皇が、一人の人間としても日本で最高の紳士であると思った」（『マッカーサー回顧録』1963年）

身を捨てて国民に殉ずる覚悟に感動し、会見後、マッカーサーの天皇に対する態度が一変したそうです。彼は予定を変えて、玄関まで出て天皇を見送り、最大の好意を表したのです。

こうして国民を守った昭和天皇は、敗戦後、日本各地を巡幸され復興に励む人々と親しく言葉を交わされました。

世界において、戦争に負けた敗戦国の王は、処刑されるか国外追放されるのが一般的です。にもかかわらず、日本の天皇はたいしたお供も付けずに無防備なまま各地を巡幸し、国民は皆、日の丸を手にして温かく感謝の心で天皇を迎えたといいます。

これは、他国から見れば驚きの姿だったことでしょう。

天皇は国家存亡の危機といった、いざというときに国民が一丸となるための権威者であり、「神」であると私は考えているのです。

サザエさんから見る
女系天皇・女性天皇

日本には「宮家」というものが存在します。

宮家とは簡単に言えば天皇の親戚であり、男系・男子の遺伝子をもつため、いざというときは血統継承の対象となる人々です。それとともに、「私心」を表に出すことができない天皇を緩やかに守る存在ですが、多くの宮家が「将来的には天皇（制）を廃絶させる」というGHQ占領政策のもと、旧11宮家が皇籍離脱させられました。

皇籍離脱とは、皇族がその身分を離れて一般国民となることで、多くは皇族の女性（内親王）が一般国民の男性と結婚して、皇族の身分を離れるケースです。この場合、皇族であっても、一般の戸籍を作り、一般国民としての権利をもつことになります。

現在、将来、悠仁親王が天皇になったとき、宮家がゼロになってしまう異常事態となっています。

そこで議論されているのが「女系天皇・女性天皇」の問題です。今上天皇には第1皇女子愛子内親王殿下がおられますが、女性であるため皇位継承資格をもちません。それでは天皇家存続の危機になるため、これまでの男系・男子というのを見直し、女系・女性の皇族にも拡大すべきであるというのです。

日本の歴史上、推古天皇をはじめ八方十代の女性天皇が存在しており、何が問題になっているのか分からないという人のために、サザエさん一家をモチーフに考えてみましょう。

日本では神武天皇から万世一系がとられてきました。これはいわゆる「男系天皇」ということです。男系とは、父親を天皇にもつということで、波平さんを現天皇とすると、サザエ、カツオ、ワカメの3人が皇位継承した場合、3人とも男系天皇となります。しかし、サザエさんとワカメちゃんは女性なので「男系の女性天皇」となります。男系ですから万世一系が保たれています。

さらに、サザエさんが皇位継承したのち、息子のタラちゃんが皇位継承したとします。男系とは、父親を天皇にもつことですから、タラちゃんは「女系の男性天皇」となり、王朝は磯野家からフグ田家に変わってしまい、万世一系でなくなってしまいます。

ちなみに、過去に存在した女性天皇は「男系の女性天皇」です。ところが、明治政府が作った大日本帝国の旧皇室典範では、皇統の継承は天皇の男子でなければならないと明記され、戦後の皇室典範においても、内親王の継承は禁じられています。

なぜ日本史を、国史と呼ばないのか

日本の歴史からはたくさんのことが学べます、そのため、私の大人向けの塾では日本の歴史についても触れる機会が多く、それらは学校で学んだ授業とは異なり、さまざまな角度から考察することを目的にしています。

中学で学ぶ主要5教科のうち、社会科、特に歴史だけは見方によって見解が変わります。この塾では私たちが学んできた日本の歴史について疑問をもちながら多角的に学んでいます。

学校の教科で「おや？」と不思議に思ってほしいことがあります。それは国語と日本史です。国語は日本語と呼ばず、日本史は国史とは呼びません。本来、日本語の勉強を国語というのであれば、日本史は国史といっていいのではないのでしょうか。「日本語」という教科は主に外国人留学生向けであり、日本人が学ぶ教科ではありません。なのに、なぜ日本の歴史は「日本史」として学ぶのでしょうか。

私がこの問いをすると、多くの大人が「確かに」と頷《うなず》きますが、今まで何の疑問にも思ったことはなかったという表情をしています。

1939（昭和14）年頃までは旧制中学校の入試科目は国史のみとされ、国民の素養として重要視された時代があります。ところが、現在の学校教育では世界史・日本史として区別され、大学入試共通テストの選択科目としても分けられています。現在は2022（令和4）年を目標に高等教育で世界史と日本史を融合した「歴史総合」という科目を導入予定だそうですが、いずれにしても、日本史が国史ではないことは変わりません。

言葉のニュアンスなのではと言われればそれまでですが、国史には「自分の国の歴史」という意味があり、「日本史」は日本の歴史を客観化した表現であり、世界各国のなかの一つの国である日本の歴史というように受け止められます。

私はここに現代の教育のあり方が見えるような気がしてなりません。今の日本人には自国を愛する心が育ちにくい環境にあります。愛国心という言葉を使えば、右翼か？と白い目で見られかねません。

もしも学生時代に、国史として、我々日本人が歩んできた道を、そのあり方や考え方とともに学ぶ機会があれば、日本人としてのアイディンティティーが育まれ、自ずと自分に自信をもてる人が育ちます。それが自分の国を愛することの大切さです。

ところが日本史という教科では、自分の国を世界史のなかの一つとして客観的・批判的に学ぶことになります。戦中と戦後では、日本の教育が大きく変わり、とりわけ戦後の歴史教育は日本を否定的な目線から見る自虐的な見方が大きくなっています。それでは自分の国を愛せる人は育たないと、私は危惧しています。

現在の常識にも疑問をもとう

私たちが当たり前に感じ、さほど深く考えていない物事に目を向けると非常に多くのことを知ることができます。

私が注目することの一つに「子ども手当」があります。

日本では少子化対策として、さまざまな子ども支援政策がとられています。それを単なる少子化対策ととらえ、手当はもらって当たり前のものと考える人が少なくありません。

しかし、もらって当たり前、なんならもっと欲しいと幾らかを手にしている親や、使い込んでしまう親がいたら、「そのお金はどこからどんな意図があって手元に届いたのだろうか」と一度考えてみてください。そうすれば、そのお金をどう使うかが見えてくるはずです。

「知行合一」の考え方で、自ら動く

高校3年間、もしくは私が設立した学習塾で中学時代から見ている子どもたちが、無事に進学や就職しても、そのうちの数人が1年後には離職しています。社会の厳しさに適合することができなくて、自分に自信を失い、転職しても離職し、また転職……となかなか定職に就くことができない子もたくさんいました。

私はそんな子どもたちを見て、「社会での適応を教えられなかった」と反省します。こうして、大人になるための塾を立ち上げました。

この塾を開設した私は、知識を、見識・胆識へと変えるには、机上の学びだけでは足りないと思い、自分の手で山を拓き、キャンプ場を造ろう、どこか私に土地を貸してくれないかと思ったのです。

きっかけは当時、小学生だった息子を連れて山に入ったことです。

鬱蒼とした山に入ると、日差しの暖かさ、鳥たちのさえずり、木々の青々とした香りが自分の体を包んでいきます。足場のおぼつかない道を一歩一歩、地面を踏みしめながら歩くと、この山を登るには体力がいるなと思い、自分の体力を実感します。半袖のシャツでは伸びた枝で腕を引っ掻いてしまう。持ってきた水分の量は足りているかな……などど、歩きながらいろんなことを感じ、考えます。それは教室や職場にいるだけでは考えることのない「生きていく感覚」です。

何も整っていない山の中で自分が数日間を過ごすとしたら……。否応なしに人は、あらゆる術《すべ》を考えざるを得ません。

私は、教室では教えられなかったことを、自ら感じ取ってもらえる場所を造りたいと思い、山の土地を探したのです。

そして、三重県の国定公園の一角に1500坪の土地を借りることができました。今から26年前のことです。

私はそこを「ひもろぎ苑」と名付け、仲間と一緒に開拓し、キャンプ場を造り始めました。

たくさんの木が生い茂り、平たい場所などないくらいの山の中。人が過ごすことなど考えられないくらいの場所を開拓するなかで私自身もたくさんの気づきがあり、そこで自分自身の言葉を育んできました。

現在、ひもろぎ苑は「NPO法人根っ子ネットワーク」が運営しています。根っ子ネットワークとはおかしな名前だといわれたことがありますが、この名前は、私が教員時代から勝手に師として仰いでいる東井義雄先生の『根を養えば樹は自ら育つ』を使わせていただいています。それゆえ、ひもろぎ苑の旗は「培其根《ばいきこん》」です。その根を養えという意味です。

その故東井先生の言葉に、

「あすがある、あさってがあると考えている間は、なんにもありはしない。かんじんの『今』さえないんだから」があります。

私はひもろぎ苑という名を口にするたびに、東井先生を思い、果たして自分は「かんじんの今」をもっているかを問い掛けなければと思います。

オンリーワンと、ナンバーワン

ナンバーワンよりもオンリーワンになればいい、とヒット曲でも歌われ、「オンリーワン」が、個性の時代を象徴する言葉になっていますが、私は「オンリーワンとナンバーワンは別物ではなく、オンリーワンのなかで、ナンバーワンを目指さなければ、オンリーワンではない」と考えています。

これもひもろぎ苑での経験から得た気づきです。

自分には、あんな特長やこんな特技があると言い、それがオンリーワンの自分だと思っているかもしれませんが、あれそれの一つひとつのなかでナンバーワンを目指さなければオンリーワンにはなれません。

あれもこれもそれもできる、と言ったところで、それで人の役に立っているでしょうか。自分らしさをもっていたとしても、相手が求めるベクトルに合っていなければ、人の役には立てません。オンリーワンにはなれないのです。

ひもろぎ苑を造るために、私が広大な土地を借り、何もない場所で最初にやったことはチェーンソーで木を切ることでした。数人の仲間を集め、土地を開拓するためにいくつもの木を切り倒しました。

そのときの主役は「力持ち」です。

「切った木は俺が運ぶからここに置いてくれ」とみんなに言い、彼はどんどん切り倒した木を運びました。

「この木はどうしたらいいですか」と仲間が置き場を尋ねると、「この位置が運びやすいからここに置いてくれ」と指示を出します。十数人いた仲間のなかでも1番の活躍をするので、みんなが彼の意見に従い、彼を頼りにしていました。

しばらくすると、おおよその木を切り終え、次は切った木を細かくして燃やす作業となりました。ここでは、処理が上手な人が主役です。木の大きさごとに分別して、次々と片付けていきます。作業の途中で処理しづらい木を見つけると、

「この木は大き過ぎて燃やせないから、カットしてほしい」と、木を運ぶ際に活躍した力持ちに処理を任せます。

作業が進むと、リーダーが変わったのです。

しかし、なかには、力もなく、テキパキとした処理作業もできない人もいました。

その人たちが何をしたかというと、「食事の支度」です。みんなが作業している間に米を炊き、味噌汁を作っていたのです。

最初は持ってきた食材が味噌汁の具になりましたが、次第になくなり、具のない味噌汁になりました。すると、支度番は「ちょっと待っててください」と山の奥に入っていくのです。しばらくすると、手に紫蘇の葉を持って戻ってきて、それを洗って味噌汁の具にしたのです。

私は「生えている場所を知っていたのか？」と尋ねました。すると本人は「いえ、植えておいたんです」と言い、仲間を驚かせました。まさか食材の準備をしていたとは、「すごいなぁ」とみんなに褒められ、一気に信頼を得て、彼はその後も料理を任されるようになりました。

森の作業では何の役にも立てなかった人が、先回りして考え、準備したことで地位を得たのです。実はこの人物は今でもひもろぎ苑で食を支えており、畑の管理もしています。力もなく、木々の処理も下手で、料理もできない人もいます。

では、その人は何をしたのか？　その人の仕事は、使い終わったスコップを洗うことから始まりました。チェーンソーが使えなくなったら、歯を買ってきました。使った道具を洗い、整頓し、道具が足りないと気づけば買いに走る。やがてどこの店が安い、こんな道具が使いやすいらしいなどといった情報をもってくるようになりました。

森を拓くときには力が必要です。やったことのないことを成し遂げるためには、活用する工夫や気づきも必要でしょう。この人にはそれらの力は乏しかったけれど、自分ができることで仲間に貢献したのです。

すると、3年もすると、この人がひもろぎ苑の中心になっていったのです。おおよその土地が拓かれると、そこに必要となるのは管理する人です。その人はひもろぎ苑の管理者となりました。26年の長い時間のなかで多くの者が来て、多くの者が去りました。そのなかで今も残り、ひもろぎ苑を見ています。そして彼は２０２１年にＮＰＯ法人の理事長に就任しました。

今でもひもろぎ苑に関わる創設メンバーは、26年間、多くの研修に立ち会い、ひもろぎ苑の変化を見てきました。

若い頃は、彼女との付き合いも大切なので、20代前半のメンバーはいろいろな理由をつけて休んでいました。彼女と一緒に来て作業もせず話をしている者もいましたし、ひもろぎ苑に来ても彼女がする事がないと、来なくなる者もいました。

当時は遊びたい盛りだったから仕方ないでしょう。

そんな彼らも今は40代後半となりました。今では家族連れで、山作業をし、成長した子どもたちと動いていています。平日は3人くらいしかいないひもろぎ苑も、休日ともなるとそこに家族が加わり、多くの笑顔が広がります。

26年前、私は、こうした光景を夢見て、ひもろぎ苑の建設を始めました。思い悩むときはいつも吉田松陰のこの言葉を思い出しています。

「夢なき者に理想なし、理想なき者に計画なし、計画なき者に実行なし、実行なき者に成功なし。故に、夢なき者に成功なし」

ぼんやり生きる人にとっては厳しい言葉かもしれませんが、私にとっては心励まされる言葉です。

「実行」という言葉が肝で、次には「継続」。

動いてこそ得られるものがあり、それを続けることはもっと尊いことだということです。

山に入って、オンリーワンが何かが分かりました。

力持ちも食事番も、自分のできること（オンリーワン）で、そのコミュニティーのなかでのナンバーワンとなる努力をする。それが本当のオンリーワンなのです。

ここで改めて「知行合一」という考え方に触れてみましょう。

これは、中国・明の時代の思想家・王陽明が唱えた陽明学のなかで最も有名な思想です。吉田松陰が松下村塾にこの「知行合一」という掛け軸を掲げていたことでも有名です。

「どんな知識でも、行動を伴っていなければ不完全である」という考え方です。「知識ばかりもっていても何にも行動していなければ意味がない。知識とは、何かを実践することで真に獲得できる」と説いています。

本来「知」と「行」は切り離すことはできない。知っているのにやらないのは、知らないことと同じだよ、ということです。


オンリーワンとナンバーワン。たとえ1番になれなくても、自分らしくあればいい、とヒットソングでは歌っています。その歌詞を聞いて、「私はこのままでいいんだ」と救われた気持ちになった人も多いと思います。

しかし、それも知識。

たとえ、自分らしく生きることができたとしても、人に必要とされなければあなたの価値は輝きません。私はそれをひもろぎ苑での「行動」で体得することができたのです。

だから、「オンリーワンは、オンリーワンのなかのナンバーワンになることだよ」と自分の言葉をもって語ることができるのです。

大人も子どもも「無」から学ぶ

ひもろぎ苑が誕生して26年が経ちますが、キャンプ場として完成はしていません。というより、完成のないキャンプ場と言った方がいいかもしれません。

広大な敷地にはバンガローがいくつか建ち、丘の上には集会場があります。ツリーハウスや私の別宅もあり、訪れた人に「全部、自分たちで造ったんだよ」と言うと、その完成度の高さにみな驚きます。

床も自分たちで貼り、集会場の大きな囲炉裏は切り倒した木材で手作りしました。風呂ももちろん手作り。ボイラーで湯を沸かし、大きな湯船でゆったりと過ごすことができます。

そんなひもろぎ苑での研修で最大のミッションは「バンガロー造り」です。大人向け、子ども向けの塾はともに「バンガロー造り」が必須です。

何もない拓けた場所に、自分たちが今夜寝るためのログハウスを、みんなで建てるのです。もちろん、初めての人が1日で造ることはできないので、キットを使います。

ひもろぎ苑には4畳ほどのバンガローキットがあり、ペットボトル、ビニールパイプ、杭などの入った箱を渡されます。

キットとはいえ、学校で学ぶ工作レベルではありません。なにしろ、自分たちが寝るための場所です。作業が滞れば、今夜寝る場所がないのですから、大人も子どもも真剣に作業に取り組みます。

すでに設置されているログハウスを見て完成をイメージし、緩やかな斜面に土台の水平を測っていきます。理論上では分かっていても、果たして本当に水平なのか。大人も子どもも自分たちなりの手法で水平を測りますが、どの方法が正解なのかも分かりません。そうこうしながら土台を作り、基礎の柱を置いて、床、壁、屋根の順に建てていきます。

作業は容易いものではなく、建ち上がるまでに6時間くらいかかり、出来上がるのは夕方頃。日のあるうちに完成できれば、「寝る場所ができた」とみんなに安堵の表情が広がります。

バンガローに宿泊したり、テントを建てたりするキャンプは経験したことがあっても、まさかその日に自分たちの寝場所を造るなんて聞いたことがないでしょう。

しかしこの経験が人の感性を刺激します。特に子どもにとっては貴重な体験です。まともに釘を打ったこともない子が小屋を建てるのだから、そのダイナミックさ、スケール感は偉大です。

この作業で、人の「本性」が分かることがあります。

人間はいくら言葉で良いことを言っても、行動させてみればその人のもっている本性が見えてしまうものです。もっている本性とは、その人が今までどのように身体を動かしてきたか、すなわち、どのような考えのもとに行動してきたかの集大成というわけです。

例えば、疲れてくると勝手な動きをして協力をしなかったり、配慮のない人はすぐそばの人が重たいものを持っていても手を差し伸べなかったり、大人の研修でもこんな光景が見られるのです。

ところが、子どもたちは大人より早く、協力をして建てていきます。建て終わったあとの表情は実にすがすがしい。

なぜか大人のチームは少なからず「しこり」が残ります。このとき「素直」という特性がいかに大切かということを見せてくれるのです。

物事の価値や理由は、
やった人しか得ることができない

ひもろぎ苑での作業に関わる人や研修に参加する人には、所ジョージさんの言葉がぴったりです。

「途中で意味を考えない。山に登る意味を考えていいのは、登り切った人か、途中であきらめて降りた人だけ」

なんでこんなことをするんだろう？など、やる前ややっている途中で考えても、納得するような答えは出てきません。やり切った人には、やり切った人だけが感じる「やる意味」「やる価値」が自分の経験から生まれてくるものなのです。逆に、途中で諦めた人にはやりきれなかった理由があるでしょう。

やる価値を感じられるのはやった人だけの特権で、しかもそれは知らず知らずのうちに身についていきます。そして、途中で諦めた人は、その価値に魅力を感じなかったわけです。

「なんで勉強しないといけないの？」という質問にあなたは適切に答えられるか、という問い。

ひろもぎ苑での開拓作業や研修になぞらえるなら、それはあなた自身が体得しなければ伝える言葉も見付からない、ということになります。

私は大学を卒業し、教師となりましたが、教員時代、「なんで勉強しないといけないの？」という生徒の質問に、自分なりの言葉で答えられたかどうかは自信がありません。今なお、勉強する意義・意味を考えている最中で、私らしい答えが見付かっていないからです。

以前、ひもろぎ苑の倉庫の前に、子どもたちのために、と、スタッフがバスケットゴールを建ててくれました。彼も18歳のときにはバスケットボールでインターハイに出場したプレーヤーであり、子どもたちにバスケットボールの楽しさに触れてほしいと思ったのでしょう。

私は、そんな様子を見ながら、アメリカのプロバスケットボール選手のアーヴィン・

ジョンソンを思い出しました。私と同じ歳で、〝マジックジョンソン〟と言えば分かる人もいるはずです。

選手時代はNBAでポイントガードとしてプレーし、1980年代にロサンゼルス・レイカーズで5回の優勝に貢献した彼は、1991（平成3）年にHIV感染を理由に引退します。1996（平成8）年にNBA50周年を記念した「歴代の偉大な50人の選手」に選ばれ、2002（平成14）年に殿堂入りしました。

親として、教師として、「勉強をしなさい」という言葉の代わりに、私は彼のこの言葉を贈ることができたらよかったな、と思いました。

『君には無理だよ』という人の言うことを、聞いてはいけない
もし、自分でなにかを成し遂げたかったら
出来なかったときに他人のせいにしないで
自分のせいにしなさい

多くの人が、僕にも君にも「無理だよ」と言った
彼らは、君に成功してほしくないんだ
なぜなら、彼らは成功出来なかったから
途中で諦めてしまったから
だから、君にもその夢を諦めてほしいんだ
不幸な人は、不幸な人を友達にしたいんだ
決して諦めては駄目だ
自分のまわりをエネルギーであふれ
しっかりした考え方を、持っている人でかためなさい
自分のまわりを野心であふれ
プラス思考の人でかためなさい
近くに誰か憧れる人がいたら
その人に、アドバイスを求めなさい
君の人生を、考えることが出来るのは君だけだ

君の夢がなんであれ、それに向かっていくんだ
何故なら、君は幸せになる為に生まれてきたんだ
何故なら、君は幸せになる為に生まれてきたんだ……

また彼のこんな言葉も、勉強や仕事に励む若い人たちに贈りたいと思います。

「勝者と敗者の違い」
勝者は間違ったときには「私が間違っていた」と言う。
敗者は「私のせいではない」と言う。
勝者は勝因は「運が良かった」と言う。たとえ運ではなかったとしても。
敗者は敗因を「運が悪かった」と言う。でも、運が原因ではない。
勝者は敗者よりも勤勉に働く。しかも時間は敗者より多い。
敗者はいつでも忙しい。文句を言うのに忙しい。
勝者は問題を真っ直ぐ通り抜ける。

敗者は問題の周りをグルグル回る。
勝者は償いによって謝意を示す。
敗者は謝罪をするが同じ間違いを繰り返す。
勝者は戦うべきところと妥協すべきところを心得ている。
敗者は妥協すべきでないところで妥協し、戦う価値がないところで戦う。
勝者は「自分はまだまだです」と言う。
敗者は自分より劣るものを見下す。
勝者は自分より勝るものに敬意を払い学び取ろうとする。
敗者は自分より勝るものを不快に思い、アラ探しをする。
勝者は職務に誇りを持っている。
敗者は「雇われているだけです」と言う。
勝者は「もっと良い方法があるはずだ」と言う。
敗者は「何故変える必要があるんだ？　今までうまくいっていたじゃないか」と言う。

次のために「準備する」という習慣

ひもろぎ苑を管理しているNPOメンバーがこの26年間で学んだことのなかで、私が最も評価しているのは、「片付ける習慣」です。
作業している段階から、一つの仕事が終わると、工具をきちっと片付けます。ですから、すべての作業が終わったあとの撤収も早い。設営の段階から、復旧を考えてしている作業もあるほどです。

工具を洗って元に戻すのは次の作業のためです。
子ども向けの塾でも、靴をそろえることや自転車の止め方などは口やかましく言っています。最初は「めんどくさいなあ」という顔をしますが、習慣になると自然にできるようになります。

「自分で自分を動かすこと」は簡単そうで、なかなかうまくはいきません。勉強などは特にそうです。「明日はやるぞ」と決めているのに、次の日になると「さて何からやろうかな」と考えたり、「やる気が起きない」とその気になるまで待っていたりするうちに「こんな時間になってしまった」とほとんど勉強できない日もあります。

しかし、習慣にすると考えている間もなく体が動きます。「いやだ」「めんどくさい」と思う日でも、やるのが当たり前になっているので苦労しません。

出船精神《でふねせいしん》という言葉があります。

旧日本海軍の伝統で、いつでも確実、迅速に行動できるよう準備を怠らないようにしようとする精神のことです。船舶の桟橋への係留方向についての用語から来ていて、自動車の駐車にたとえると、前進で車の先頭を奥にして止めるのが「入船」、後進で車の後尾を奥にして止めるのが「出船」です。

当然ですが、「出船」のほうが「入船」より確実、迅速に発進できます。このことから、以後の動きをスムーズにするためには、事前に用意し、いつでも使用可能な状態にすることを指しています。

そんなの当たり前だと思う人も多いかもしれませんが、船は車とは違い、出船にするだけで多くの時間を要します。長い航海ののち、早く家族に会いたい、早く陸に上がりたいと思いながら出船にするのですから、よほど準備の大切さを伝えていたのでしょう。

ちなみに、海上自衛隊でもこの言葉は使われ、実際の入港も長らく出船で行われてきました。しかし近年ではエンジンの騒音問題などを踏まえ、入船での入港がもっぱらなんだそうです。

「片付け」は作業が終わったからするものではなく、次の作業のために必要なのです。後片付けが次の準備になるような片付けができるようにしたいものです。

金次郎像に教育のあり方を思う

ひもろぎ苑に来ると、ログハウス造りをする広場に二宮金次郎像が建っています。ひもろぎ苑の20周年記念事業としてこの像を迎えました。当時、どこに建てるか、そしてどのように建てるかなどをみんなで議論をして、現在の位置にあります。ひもろぎ苑の二宮金次郎像は、100年くらい前の陶器製で、数十年も土に埋もれていたものを譲り受けました。

二宮金次郎は、「二宮尊徳」という、江戸時代後期の農政家・思想家で、通称は金次郎です。「報徳思想」を唱えて「報徳仕法」と呼ばれる農村復興政策を指導した人物として有名です。

二宮金次郎像は、一昔前までは、どこの小学校の校庭にも建てられていました。これは、最初の国定教科書である『尋常小学修身書』に「孝行・勤勉・学問・自営」を象徴する人物として、二宮金次郎が描かれ、尋常小学校の唱歌には「柴刈り縄ない草鞋をつくり、親の手を助け、弟を世話し、兄弟仲良く孝行つくす、手本は二宮金次郎」と歌われたためだといわれています。

昨今は、めっきり「二宮金次郎」像を見なくなりました。「教育方針の違いで市教育委員会が補修をしなくなり、危険なので撤去した。歩き読みは危険だから子どもの手本にできない。戦争時の教育を思い起こさせるから」などという理由がインターネットなどで紹介されていました。

理由はなんであれ、私は二宮金次郎像から感じ取ってほしいことは今でもたくさんあると思います。阪神大震災や東日本大震災が起こったとき、日本の秩序や道徳観、倫理観に世界が驚嘆しました。世界に誇るべき日本の道徳観・倫理観は「二宮金次郎」に代表される姿なのだと思うからです。

ひもろぎ苑を訪れた人たちは「懐かしい」と言って像を眺めます。中学生のなかには「誰ですか?」と言う子もいますが、そのたびに私は、そのときの相手の心の様子や求めているものに合わせながら、二宮尊徳の名言を紹介し、日本の道徳観・倫理観を語るのです。

歴史の教科書で登場したことのある人物が、何を日本に残そうとしたのか。日差しが降り注ぐ広場で悠久の年月を感じる木々に囲まれながら聞く話は、教室で教えられる学びとは違った吸収をするのではないでしょうか。

金次郎の言葉のなかに、私が好んで伝える言葉があります。

「生きているときは人で、死んで仏になると思っているのは間違いだ。生きて仏であるからこそ、死んで仏なのだろう。生きてサバの魚が、死んでカツオになる道理はない。林にあるときはマツで、切ったらスギになるという木はない。だから生前から仏であって、死んで仏になり、生前から神であって、死んで神なのだ」

まさしくそのとおりです。生きているうちからの精進がその人を成長させます。

ひもろぎ苑の畑にもさまざまな作物が育っています。水をやり、草を取り、添え木をする。植物たちは黙ってそれに応えるように育ってくれます。マツが成長してスギになることはありません。しかし、虫が付いたり、病にかかれば朽ち木になってしまいます。

人も国家も当たり前に今があるのではありません。油断すれば人が人でなくなり、国は国でなくなります。

それを考えると、教育の役割は非常に大きいなと思います。

アメリカのルイジアナ州出身の作家、学者、牧師、教師であるウィリアム・アーサー・

ウォードは「普通の教師は言わなければならないことを喋る。良い教師は分かりやすいように解説する。優れた教師は自らやってみせる。そして、本当に偉大な教師というのは生徒の心に火をつける」と言っています。

私がこの言葉を聞いたのは22歳のとき。先輩教師に聞かされたときはそれほど深く考えず、正面から生徒に向かい合いさえすればそんなことはたいして難しいことではないと思っていました。実際に自分に満足する場面も何度かありました。

私は大学で講師もしていますが、年齢を重ねると、しばしば彼らとの言語の違いに戸惑い「生徒の心に火を付けること」の難しさを思い知ります。また彼らも本心から話そうとは思っていません。さらにコロナ禍で、リモート授業、遠隔授業となり、実際のコミュニケーションが取れる機会も減っています。

「生徒の心に火を付ける」ためにはどのようにしたらよいのか、ますます難しくなる時代。

私は金次郎像の前に立ち、教育とは何か、大人とは何か、自分自身にも問うのです。

ひもろぎ苑をやってきたから
「伝えられる言葉」がある

30代の頃は寝ても覚めても「ひもろぎ苑」を造ることで頭がいっぱいでした。学校はまだ土曜日に授業があり、仕事を終えて家に帰り、塾の授業が終わるのが21時30分頃。そうすると私の至福のときが始まります。土曜日の夜から山に行き、作業をして、月曜の朝に山から出勤ということを繰り返しました。

40代になると、人生と重ね合わせて仕事に取り組めるようになって、ますます仕事が面白くなりました。しかし、その分、読書量が減り、仕事に必要な本を読んだに過ぎず、読書が楽しいと感じた思い出があまりないのが残念です。

50代になると少し読書の楽しさが分かってきました。

中国古典の『菜根譚《さいこんたん》』のなかに印象深い文章があります。

「徳は才の主、才は徳の奴なり。才ありて徳なきは、家に主なくして、奴、事を用うるが如し。幾何《いかん》ぞ魍魎《もうりょう》にして猖狂《しょうきょう》せざらん」

訳：人格が主人で、才能は召使に過ぎない。才能には恵まれても人格が伴わないのは、
　主人のいない家で召使がわがもの顔に振る舞っているようなものだ。これではせっ

かくの家庭も妖怪変化の巣窟と化してしまう。

まさしくそのとおりだなと思います。才能ばかり秀《ひい》でても「徳」がなければ薄っぺらく感じてしまう。私は、自分に「才」と呼べるものはなく、さりとて「徳」と呼べるものはあるのかと考えるとその自信もありません。どちらもないのですから「こつこつ」と積み重ねるしかありません。そんな50代でした。

62歳の今は週の半分以上をひもろぎ苑で過ごしています。ひもろぎ苑を次世代に伝える整備のことで、ほぼ毎日、頭の中はいっぱいになります。

なかなか体が付いてこなくなり、作業は「こつこつ」しかできなくなりましたが、さまざまな偉人の言葉をなぞらえながら、多くの知識をわが経験として語れるようになったことは、力仕事ができなくなった自分に代わって、今の自分がすべき重要な役目のように感じています。

別宅をカフェにしようと改造をしています。

山奥のカフェですから、1日1組でもいい。私が訪れる客の話に耳を傾け、世間話や悩み相談など、少しでも役に立てればいいな。そんな生活なら面白いなと思うとワクワクします。

私のことを「悠々自適な生活でいいね」と言う人がいます。

「悠々自適」の意味を調べてみると、「のんびりと心静かに、思うまま過ごすこと。『悠悠』はゆったりと落ち着いたさま。『自適』は自分の思うままに楽しむこと」と辞書には書いてあります。

安岡正篤氏は「学問修養とは優游自適である。ゆったりと流れていくように思索し行動する。学問そのものとなって遊学するのである」という言葉を残しています。

本来の意味は、焦らず騒がずゆったりと自ずから適《ゆ》くこと。大河の優游と極めて自然に休むことなく流れ続ける姿、という意味から「優游自適」とも書きます。

「蔵・修・息・遊」の「遊」にも通じる意味合いがあります。

例えば、誰でも働かず自由に生きたいと考えたことがあると思います。

しかし、働かずに自由に生きて、1カ月もすれば、どんな生き方をしたかったのかも忘れるほどに長い時間となって自分に押し寄せてきます。なんでも思ったことが出来るだけの財力があれば1年くらいは退屈せずに過ごせるかもしれませんが、それは「生き方」とはいえません。そう考えると「悠々自適」も楽ではないのです。

私は、今年で62歳になります。退職後は大学院に入学して学びなおそうと55歳で職を辞し、56歳で大学院に入学しました。中2年を休学し、60歳で卒業。安岡氏の言う「学問修養」にはほど遠いですが、学問する姿勢を学びなおした感じでした。

最近では、おぼろげだった「自分の生き方」が形になりつつあると感じています。

退職後7年してもなお、計画していたことが思いどおりに進んでいるとは言えませんが、少しずつ自分の役割が見えてきたことには感謝しています。コロナ禍のなかでも誰かの役に立てればと「優游自適」を楽しんでいます。

行動しているか、
と気づくことが第1ゲート

長年、大人向けの塾を主宰していると、受講者はいつも3種類に分かれていることに気づきます。

「責任者」「被害者」「傍観者」です。

受講生の一人ひとりがどの種類に属するかはセミナーを受講している姿を見ただけでは分かりません。しかし、意見を述べたり、行動させてみると「この人はそうだな」と見えてきます。特に何かイベントを実行していくことになると明確に分かります。

誤解のないようにお伝えしますが、私は、全員が「責任者」となることがよいと言っているわけではありません。「被害者」である受講生を未熟者だと否定するつもりもありません。さまざまな言動を客観的に見て、自分がどの位置で物事を考え、行動しているかに気づくところが最初のゲートだからです。

そして、そこから責任者になるべく何かしらの行動をするのか、傍観者であり続けるのか、参加しながら被害者として自分の立場を弁護し続けるのか。自分のあり方を眺めてみてほしいと思います。

第2ゲートは、行動を起こすことです。

今までの自分を顧みて、「責任者になろう」とそのスタンスを取り、「覚悟」するかどうかが分かれ道です。

被害者は自分が被害者であることになかなか気づけません。できないことは相手が悪い、環境が整っていない、時期が合っていない、など、自分以外の物事を理由にしがちで、良い学び、良い仕事、良い仲間に出会っても、いつも被害者なので、それらの魅力を発揮し、大いに役立てることができません。やる気も能力もあるのに残念だ、と思うことが多々あります。

傍観者はその立場からスタンスを変えることに躊躇します。主体的に何かすることを本能的に拒むのです。いわゆる「おまかせ」という状態です。子どもの成績は塾におまかせ、ビジネスの決断は上司におまかせ、休日のプランでさえも「なんでもいいよ。君のやりたいことに合わせるよ」という人がいます。

何度も言いますが、被害者でも傍観者でも、その人が自分に満足しているのならばそれでいいのです。

しかし、「大人になろう」「自分よりも若い人に語れる言葉をもとう」と学びたいのであれば、さまざまな学びを通して、自分は3種類の中のどの位置にいて、どうなりたいのかを考える、その分かれ道までは行ってほしいと思います。

自分に対して、家族に対して、会社に対しての「責任者」として「覚悟」ができれば本望です。

「週刊少年チャンピオン」に『覚悟のススメ』という漫画があります。そのなかに「『やりたい』ではなく、『やる！』と言い切ったとき、胸の奥で、もう一人の自分が目を覚ます！」というセリフがあります。

まさしくそのとおりです。自分がどんな自分になるのか、どんな未来を歩むのか、ということは、自分が「やる！」と決めて初めてその道が拓かれるのです。

またその漫画のなかで、覚悟の定義もしています。

「覚悟とは本能を凌駕する魂のことなり！　正義とは邪悪に挑戦する肉体のことなり」

実に言い得て妙な表現です。

自分自身の国に関心をもとう

若者の政治への関心が薄れているといわれて久しいです。若者というと20代くらいの人たちを思い浮かべると思いますが、若者だけではなく、40代、50代の立派な大人ですら選挙に行かない人がいるのですから、もはや若者だけの問題ではありません。

私も十数年前までは政治や選挙には関心が強い方ではありませんでした。どちらかといえば教育の問題や消費税の問題など、局面局面を是是非非で考え、選挙へ行っていたほうです。

しかし、今では三十数年、教育現場で働き、今も社会教育の現場で生きている身として、未来の日本を創るべく行動する人たちを育てなければならないと思っています。

それ故に、大人になってからも、一度「公民」の教科書を見てみるとよいでしょう。

「憲法が保障している自由や権利を確実なものにするためには、何より主権者である国民の意思を正しく政治に反映させることが重要です。「国民固有の権利」(15条)である参政権は、民主主義の基礎となる重要な権利であり、中でも選挙権は最も重要なものです。～略」

(『新編新しいみんなの公民　育鵬社編』)

これは、中学3年生の社会科公民の教科書に書いてあります。

「18歳以上の選挙権」が認められ、大人が今までにない「範」を示さねばならない時代が来ていると思います。

そうした教育を「学校ですべきだ」と期待したり、「学校では何もしてくれない」と危惧する声が多いように感じます。しかし、学校に責任を押し付けるのではなく、教師も、保護者も、社会に出ている「大人」と呼ばれる人間はすべて、次世代を担う子どもたちに日本を受け継いでもらうための覚悟を行動で見せてほしいと思います。

それには、些細なことに関心をもち、自分でできることをやり始めることが大切です。最も身近な些細なこと、といえば、自分の国のことではないでしょうか。

大学の学部に「グローバル」という言葉が付けられるなど、グローバル化・グローバル人材という言葉が一般的になって久しくなりました。

グローバルとは国際協調、国際分業など国境を越えて世界が結び付くことです。決して、世界中の国々を認めることではなく、ましてや英語が話せることを重視するのとはまったく別の問題です。私はその言葉の意味一つからも、もっと自分の国に関心を寄せてほしいと思います。

グローバルとは、まず「世界の国と日本はどこが異なるのかを知ること」だと思います。隣国の主張に合わせることが国際化ではありません。

私の国は「こうです」とはっきり言い、そのうえで協調できることを模索することが必要なのです。

真にグローバル人材を育てたいのであれば、日本の基礎を15歳までに教え、自分の国の未来を模索する姿勢を18歳までには育成する必要があると思います。

まずは、学校教育におんぶに抱っこというような姿勢を改め、われわれ大人がどのような背中を見せるのか。ぜひ自分に関心をもち、自分の国の行方に関心を寄せてください。

選挙があるたびに、私はそんな思いをもって投票率を見守っています。

特別なものは必要ない。日常のなかで「足る」を知る

ひもろぎ苑のスタッフたちはピザ釜でよくピザを焼いてくれます。私も時折おこぼれにあずかるのですが、これがことのほかおいしくて感動します。

今あるピザ窯は2代目で、数年前、初代ピザ釜ができたとき、ピザ釜で作る鶏料理とダッチオーブンで作る鶏料理のどちらがおいしいか食べ比べをしてみようということになり、2組のスタッフが家族対抗で料理勝負をしました。

出来上がった鶏料理は、若干趣が違うものの、どちらも甲乙つけ難いほど絶品でした。ピザ釜で焼いた鶏はカリッと焼けたおいしさ、ダッチオーブンで作った場合はよく味が染み透っている鍋料理のようなおいしさ。みんなそれぞれ賛否両論でしたが、「おいしい」ことで満場一致した幸せな対決でした。

そのとき、私はこう思ったのです。

「お金がないから遊べないんじゃなくて、遊ぼうとしないから遊べないんだ」と。

みんながおいしいものを食べたいと思って集まれば、そこに出来上がる料理はすべて格別な料理になります。おいしくて、楽しくて当たり前です。それを求めて、そのために準備し、実行しているのだから。

人生を楽しんでいる所ジョージさんもこう言っています。

「自分以上のものを求めるのではなく、自分の持っているものを楽しむ」

「人間は頭がいいから、明日のこととか、来年のことを考えちゃうでしょ。そうじゃなくて、もうちょっとばかになって、今日のことしか考えられないと、幸せになりやすいのにね」

新型コロナウイルス感染症で閉じこもりがちになった2020（令和2）年以降、部屋の外にある楽しさに触れる機会が減ってしまいました。

閉塞感のある日々を暮らしていると、このままで自分は大丈夫なのかと不安になり、「あれもない」「これもできない」とないものばかりに目を向けてしまいがちです。

しかし、こんな時代だからといって、あなた自身の魅力が奪われるわけではありません。自分のもっているものに気づき、磨き、楽しむ。

ないものではなく、あるものに目を向ければ、不安は軽減され、希望がふくらんでくるのです。そんなことができたら、どんな時代であっても自分らしく生きることができると思います。

言葉は自分のあり方を映している

哲学者・教育者である故森信三先生は「私は人間は、第一はどこで生まれたか、第二は両親および家系にどんな特色があるか、第三は習った先生にどういう影響を受けたか。それによって決まるという考えを持っています」という言葉を残しています。

若いときはこの言葉のもつ意味をあまり理解せず、そんなものかと思っていました。ところが、最近この言葉に触れるたびに、１９０６（明治38）年生まれの今は亡き祖母のことを思い出します。

小学校の頃、台風で大雨が降り、私は祖母に「木曽川の堤防が切れたらどうなるの」と聞きました。木曽川とは愛知県を流れる河川の一つで、私の家の近くにありました。私の質問に、祖母は間髪を入れず「堤防は切れない」と言い切りました。「分からんよ」と不安に思う私がそう言うと、祖母はまた間髪を入れず「尾張が危なくなる前に岐阜が切れるから心配ない」と言いました。尾張で生まれ育ち生活してきた者の経験ある言葉です。

第二の「両親および家系にどんな特色があるか」は実に大きく人格の形成に関わっていると思います。つまり人からどんな影響を受けるかがその人となりに深く関係しているということです。

人は、人との交わりのなかで人格が磨かれるということがあります。私たちは関わる人すべてに少なからず何らかの影響を与え、与えられているのです。知らず知らずのうちに、子どもや若者の人格形成に自分が何らかの影響を及ぼしているとすれば、どう思いますか。現に自分の子どもには色濃く反映しています。

それゆえ、大人になってからこそ、子どもや若者のためにまじめに取り組む勉強があっていいと思うのです。


第三の「習った先生にどういう影響を受けたか」。

この言葉は耳に痛いです。ある歳までは「自分はどんな先生に習ってきたか」を考えていましたが、50歳を超えたあたりから「自分はどんな先生だったのか」を振り返っています。私は30代前半から塾をやっているので、学校、塾ともに責任が重いです。果たして良い影響を与えた先生であったか、今でも自問自答する日々です。

「人間の人柄というものは、その人が目下に対する場合の態度、特に言葉遣いによって分かるものであります」

これも森信三先生の言葉です。

もしも自分が部下や子どもをもち、その人たちに自分が良き影響を与え、健やかに成長しているとしたら、それはその人の言葉に表れているはずです。

やがてあなたも部下をもち、親となり、何かを伝える人になる。

その人たちの言葉を育てるためにも、まずはあなたの言葉を育まねばなりません。

そのためにも自分を知り、日本を知りましょう。

そして未来を見つめて、自分ができることを実践していきましょう。

おわりに

52歳のとき私は癌で妻を亡くしました。闘病は7カ月と短い期間でした。振り返れば妻とは大学1年からの付き合いで25歳で結婚し、それゆえ、私の活動の大半を同志として歩んでくれました。

癌の告知を受け余命が分かったときからなぜこのようなことが自分に降り掛かるのか、妻の死から何を学ばなければならないか、妻を失って62歳になる今も考えています。

57歳のときには新しい妻を迎えました。その2年後、59歳のとき、今度は私自身に癌が見付かりました。「ひもろぎ苑」もまだまだ道半ばの状態です。NPOのメンバーにも私の言葉を伝えきれていない、まだまだやり残したことがたくさんあることに気づいてはいましたが、切実ではなかったのです。

詩人の坂村真民さんの言葉に「咲くも無心　散るも無心　花は嘆かず　今を生きる」が

あります。

一年前、私の歴史の話を楽しそうに聞いてくれた義理の母が亡くなったとき、この言葉を思い出しました。

私たちはどうしても、過去に後悔し、未来への不安が少なからずあります。しかし、今を精一杯生きなくてはなりません。

私にはまだまだたくさんの仲間、家族、これから出会う多くの方に伝えたいこと、話したいことがあります。

だからこそ今回、本書の出版に踏み切りました。

一人でも多くの人にこの本を読んでいただき、新しい発見や学ぶことの楽しさが伝われば幸いです。

高山曜三（たかやま　ようぞう）
株式会社スチューデントネットワーク塾長
NPO法人根っ子ネットワーク理事長
一般社団法人おとな塾理事長
学校法人に36年間勤務。高校教諭、法人本部での経営企画等の要職を歴任。多くの人材育成の実体験をもとに独自の人材育成論を展開し、経営者の相談役としても活躍中。

本書についての
ご意見・ご感想はコチラ

知行合一
「大人の学び」のススメ

二〇二一年一二月二一日　第一刷発行

著　者　高山曜三
発行人　久保田貴幸
発行元　株式会社　幻冬舎メディアコンサルティング
〒一五一-〇〇五一　東京都渋谷区千駄ヶ谷四-九-七
電話　〇三-五四一一-六四四〇（編集）
発売元　株式会社　幻冬舎
〒一五一-〇〇五一　東京都渋谷区千駄ヶ谷四-九-七
電話　〇三-五四一一-六二二二（営業）
印刷・製本　中央精版印刷株式会社
装　丁　都築　陽

Printed in Japan　ISBN 978-4-344-93448-1 C0095
幻冬舎メディアコンサルティングHP　http://www.gentosha-mc.com/